CLAUS-PETER GERING

AQUARIEN-PFLANZEN

KOSMOS

DIE WICHTIGSTEN WACHSTUMSFAKTOREN

Glitzernde Neon-Regenbogenfisch-Männchen leuchten durch die vom gegenüberliegenden Fenster einfallenden Lichtstrahlen herrlich blau im kristallklaren Wasser. Dazwischen wuselt, wie immer ziemlich aufgeregt, ein Schwarm von 50 putzmunteren Purpurkopfbarben. Auch einige Odessabarben sind darunter. Hin und wieder verschwinden sie im Pflanzendickicht, um an anderer Stelle wild kreiselnd wieder aufzutauchen. Zwischen den Pflanzengruppen gründelt eine Gruppe Panzerwelse im Bodengrund ... Der Anblick meines Aquariums lässt mich zurückdenken an die Anfänge meiner Begeisterung für die Aquaristik.

Pflanzenaquaristik – eine junge Disziplin

Als ich vor 30 Jahren anfing, mich mit der Aquarienkunde zu befassen, hatte ich kaum hilfreiche Unterstützung aus der damals greifbaren Literatur. Durchweg ähnlich schlechte Abbildungen und knappe, zumeist unzureichende Informationen über die auch noch bescheidene Anzahl von Aquarienpflanzen bestimmten die Veröffentlichungen. Erst nach und nach beschäftigten sich engagierte Aquarianer, aber auch Wissenschaftler mit der Themenpalette um die Pflege und Vermehrung von Aquarienpflanzen. Es wurde Mode, sich in den Heimatgebieten der Aquarienpflanzen umzusehen, und so kamen mit den Jahren eine Vielzahl von Arten nach Europa. Aber erst mit der Gründung von speziellen Vereinigungen von Freunden der Wasserpflanzenpflege wuchs mit dem Interesse auch das Wissen um die Anforderungen an moderne Pflanzenpflege.

ZIEL DES BUCHES Die Vermittlung meiner mittlerweile dreißigjährigen Erfahrung bei der Pflege und Vermehrung von Aquarienpflanzen soll dazu beitragen, gerade Einsteiger in die Aquarienpflanzenpflege zu ermutigen, sich dauerhaft mit diesen schönen Gewächsen zu befassen und anfängliche Misserfolge vermeiden zu helfen. Folgen Sie mir nun in die zauberhafte Welt der faszinierenden Unterwassergärten, die zu entdecken immer wieder neu Freude bereitet.

Gesunde Pflanzen im Aquarium – dieses Ziel ist gar nicht so schwer zu erreichen, wenn die Wachstumsfaktoren stimmen.

Erfolge beziehungsweise Misserfolge in der Pflanzenhaltung werden von verschiedenen Faktoren bedingt wie Qualität des Bodengrundes, Nährstoffversorgung, Wasserqualität u.a. Auf diese wichtigen Wachstumsfaktoren soll nun eingegangen werden.

Der Bodengrund

Ansprüche verschiedener Arten

NÄHRSTOFFAUFNAHME AUS DEM WASSER Nur wenige Aquarienpflanzen benötigen keinen Bodengrund, da sie als Schwimmpflanzen auf der Wasseroberfläche aufschwimmen oder kurz unter der Oberfläche fluten, ohne den Gewässergrund zu erreichen. Dazu zählen z.B. der Algenfarn *Azolla caroliniana*, die Muschelblume *Pistia stratiotes*, Büschelfarne der Gattung *Salvinia*, aber auch der Südamerikanische Froschbiss *Limnobium laevigatum*. Diese Pflanzen sind an eine schwimmende Lebensweise angepasst. Ebenso können im freien Wasser unter der Wasseroberfläche flutende Arten wie das Hornblatt *Ceratophyllum demersum*, aber auch die Wasserschlauch-Arten der Gattung *Utricularia* auf den Bodengrund verzichten. In beiden Fällen werden die Pflanzennährstoffe dem Wasser entzogen. Pflanzen, die zwar im Boden wurzeln, jedoch schwimmende Blätter haben, steht obendrein der Luftraum zur Versorgung mit Kohlendioxid als hauptsächlichem Pflanzennährstoff zur Verfügung. Flutende Arten nutzen die im Wasser gelösten Inhaltsstoffe einschließlich des Kohlendioxids. Dies erfolgt mittels osmotischen Transports in das Pflanzengewebe durch die Blattoberfläche.

BODENGRUND UND WASSER Manche Aquarienpflanzen, die meist fein zerschlitzte Blätter zur Oberflächenvergrößerung und damit zur Optimierung des Stoffaustausches besitzen, nehmen zwar ihre Nährstoffe teilweise auch durch die Blätter auf, besitzen jedoch gleichfalls voll funktionsfähige Wurzeln. *Limnophila*-Arten, aber auch *Myriophyllum*-, *Potamogeton*- und *Cabomba*-Arten und die Wasserprimel *Hottonia palustris* stehen beispielsweise stellvertretend für diese Gruppe. Es sind hauptsächlich im Wasser gelöste Substanzen, vorrangig Nitrat, Phosphat und Sulfat, aber auch essentielle Metallionen, insbesondere Kalium und Magnesium, die über die Blätter resorbiert werden. Nun ist im Allgemeinen an diesen Stoffen kein Mangel im Aquarium auszumachen.

INFO

Kohlenstoffdioxid-Aufnahme
Pflanzen mit typischen Unterwasserblättern nehmen das Kohlendioxid durch die Zellwände osmotisch auf.
Arten mit Luftblättern besitzen Spaltöffnungen auf der Blattunterseite, durch die der Gasaustausch, d.h. auch die Aufnahme von CO_2, erfolgt.
Pflanzen mit flach auf dem Wasser schwimmenden Blättern wie z.B. Seerosen, besitzen diese Spaltöffnungen auf der Blattoberseite.

Gerade die Rhizom bildenden Echinodorus benötigen einen nährstoffreichen Bodengrund.

OHNE BODENGRUND KEIN LEBEN Eine große Zahl, sowohl endogen submerser Arten, teils mit Schwimmblättern wie die Seerosengewächse, *Barclaya-*, *Aponogeton-*, *Ottelia-*Arten, aber auch zeitweise überfluteter Sumpfpflanzen benötiget einen nahrhaften Bodengrund, um zu wachsen. So entnehmen *Cryptocorynen* und *Echinodorus* die Nährstoffe im Wesentlichen dem Bodengrund und benötigen dazu eine funktionsfähige Bewurzelung.

Aufgaben des Bodengrundes

Der Bodengrund hat die vielfältigsten Aufgaben. Er hat nicht zu unterschätzende optisch-ästhetische Funktionen, ist Besiedlungssubstrat für die Mikroflora des Aquariums, ökologischer Faktor für die tierischen Aquarienbewohner und Befestigungssubstrat ebenso wie Nährstoffdepot für die Pflanzen.

Höhe des Bodengrundes

Der Bodengrund in einem Aquarium mit seinem begrenzten Wasservolumen hat meist eine begrenzte Mächtigkeit. In der Regel werden 5 bis 10 Zentimeter nicht überschritten. Wird die Bodenschicht dicker gewählt, kann es Probleme mit der Durchflutung geben, was zu Sauerstoffmangel und ungewollter Fäulnis führen kann. Abhilfe schafft hier zwar die Bodenheizung, aber die kostet bekanntlich nicht gerade wenig.

Materialien für den Bodengrund

Nun gibt es unter den Pflanzenpflegern die unterschiedlichsten Auffassungen, welcher Bodengrund der beste für die Aquarienpflanzen sei. Es gibt Verfechter des reinen, gewaschenen Kieses auf der einen Seite. Auf der anderen Seite stehen Aquarianer, die glauben, was den Gartenpflanzen hilft, nütze

Je feiner die Pflanzenwurzeln sind, um so feinkörniger sollte der Bodengrund sein.

TIPP

Kalkgehalt von Kies ermitteln

Eine Überprüfung des Kalkgehaltes von Kies erfolgt mit verdünnter Salzsäure. Verdünnte Akkusäure (verdünnte Schwefelsäure) ist aber auch geeignet. Schäumt der Kies zu stark auf, enthält er zu viel Kalziumkarbonat und ist höchstens noch für Malawisee-Aquarien zu verwenden.

auch den Aquarienpflanzen und deshalb Versuche mit humusreicher Komposterde machen. Wo liegt also die Wahrheit? Das hängt von den Pflanzen ab. Schwimmpflanzen und wurzellos flutende Arten können durchaus in bodengrundlosen Aquarien gedeihen oder über gewaschenem Kies wachsen. Pflanzen mit ausgeprägtem Wurzelsystem entstammen in der Regel Habitaten mit nährstoffhaltigen, lehmigen oder tonigen Böden. Dies sollte bei der Einrichtung der Aquarien Beachtung finden. Wird reiner, gewaschener Kies als Substrat verwendet, findet im Verlaufe einiger Wochen durch Um- und Abbauprozesse von organischem Abfall im Bodengrund eine sukzessive Nährstoffanreicherung statt.

Körnigkeit des Bodengrundes

Obwohl in den natürlichen Habitaten der Untergrund sehr feinkörnig bis schlammig sein kann, sollten diese Verhältnisse nicht auf ein Aquarium übertragen werden. Selbst mit aufwändigen technischen Hilfsmitteln sind diese natürlichen Verhältnisse nicht zu kopieren. Die Körnigkeit des Kiesbodens im Aquarium kann zwischen 1 und 5 Millimetern liegen. Feinere Anteile, sofern sie nicht dominieren und das Porenvolumen zu stark verringern, schaden keinesfalls. Die in den Victoria-Häusern der Botanischen Gärten für *Victoria regia* verwendete Erdmischung hat im Aquarium nichts zu suchen. Gleichfalls ist es unsinnig, sich für viel Geld gewaschenen Kies oder „Aquarienerde“ zu kaufen, wenn das nächste Kieswerk oder der Betonmischplatz für ein paar Cent einen Sack voll guten Aquarienkieses abgibt. Nur eben zu stark kalkhaltig sollte er nicht sein.

Nährstoffversorgung über den Boden

Lehm und Ton als Nährstofflieferant

Nicht nur in der Anfangsphase sind Nährstoffgaben über das Wasser oder direkt in den Bodengrund zur Wuchsunterstützung angebracht. In jedem Falle einfacher und auch naturgemäßer ist die Versorgung mit Nährstoffen über den Bodengrund. Hiermit sind nicht die im Fachhandel angepriesenen kurzzeitig wirkenden oder auch Langzeit-Depotnährstoff-Präparate gemeint, sondern der natürliche Nährstoffpool von Lehm und Ton. Tone und Lehme sind Verwitterungsendprodukte von Graniten, Gneisen und Glimmern, d.h. silikatischen Gesteinen. Je nach Ursprung und Ausgangsmaterial schwankt die Zusammensetzung beider sehr stark. Gleiches gilt für lehm- bzw. tonhaltigen Kies. Die Zusammensetzung ungewaschenen Kieses unterliegt je nach Herkunft starken Schwankungen. Man kann aber von 70 bis 80 % Siliziumdioxid, 10 bis 15 % Calzium und Magnesium (hauptsächlich als Silicat, Karbonat und Sulfat gebunden) und etwa 5 % Metalloxiden (Aluminium, Eisen, Mangan, Kalium) ausgehen.

BODENSCHICHT MIT LEHM Richtet man ein Aquarium ein, sollte die untere Bodenschicht kräftig mit Lehm durchmischt werden oder aus ungewaschenem, stark anlehmigen Mischkies bestehen. Eine Schichthöhe von 4 cm hat sich als gerade ausreichend erwiesen. Pflegt man stärker gründelnde Fische, können darüber noch etwa 3 bis 4 cm gewaschener Kies gefüllt werden. Bei Arten, die den Bodengrund nicht durchstöbern, reicht eine Abdeckung von wenigen Millimetern sauberen Kieses. Mit der Zeit bildet sich die für den Pflanzenwuchs geeignete Bodenflora, und durch die Wurzelausscheidungen stellt sich auch der für die meisten Pflanzen optimale pH-Wert von ca. 5,5 bis 6,5 ein.

LEHM NACHFÜLLEN Treten nach einer langen Phase guten Pflanzenwuchses Mangelerscheinungen ein, die sich durch Wuchsstagnation, löchrige Blätter mit mangelhaftem Blattgewebe zwischen den Adern, weißliche oder gelbliche Gipfelsprosse und Blätter, aber auch deformierte Sprosse bemerkbar machen, kann bedenkenlos um die Pflanzenwurzeln Lehm zugeführt werden. Man nimmt dazu eine Faust voll krümeligen Lehm und schiebt sie vorsichtig unter und zwischen die Pflanzenwurzeln. Das wirbelt zwar erst einmal mächtig Mulm und feinste Lehmteile auf, aber nach kurzer Zeit ist das Aquarium wieder glasklar. Zudem hat dieser vielleicht etwas martialische Eingriff den Vorteil der Bodenlockerung und des Frischwassereintrages in den Wurzelbereich. Man sollte ohnehin ab und zu den Boden mit einem Holzstab etwas auflockern, um sauerstoffreiches Wasser zur Belebung der Bodenflora unterzumischen, auch wenn das verschiedentlich als schädlich abgelehnt wird.

Wasserwechsel und Bodengrund

Becken mit starkem Fischbesatz enthalten viel organische Abfallstoffe, somit auch ihre mineralischen Oxidationsendprodukte Nitrat und Phosphat, sodass ihre Konzentration durch häufigen Wasserwechsel gesenkt werden muss. In Pflanzenaquarien fehlen sie

Hygrophila-Arten sind Sumpfpflanzen mit einem ausgeprägtem Wurzelsystem.

eher, da diese Nährstoffe schnell von den Pflanzen verbraucht werden. Deshalb ist ein regelmäßiger Wasserwechsel auch hier nötig, allerdings um verbrauchte Metallionen wieder zu ergänzen. Nützlich scheint es, den sich bildenden Mulm zum großen Teil im Aquarium zu belassen, da bei dessen oxidativer Umsetzung zugleich Nährstoffe, wie beispielsweise das häufig unterschätzte Kalium freigesetzt und wieder in den Stoffkreislauf eingebracht werden.

Ursachen für Mängel erkennen

Von daher wäre es auch angezeigt, Mangel an Pflanzennährstoffen durch Düngung auszugleichen. Präventives Düngen bei ohnehin gutem Pflanzenwuchs ist jedoch genau so unsinnig wie der Versuch, schlechten Wuchs mit Düngung beheben zu wollen, ohne seine Ursache erkundet zu haben. Man erreicht meist das Gegenteil, nämlich immensen Algenwuchs und hat damit nur ein zusätzliches Problem. In jedem Fall sollte, bevor mit der Düngung begonnen wird, versucht werden herauszufinden, wo die Mangelerscheinungen ihre Ursachen haben könnten. Kommt man zu keinem eindeutigen Ergebnis und ist deshalb eine selektive Düngung nicht möglich, darf nur immer ein Faktor nachvollziehbar verändert werden. Nur so ist es mit Geduld und über längere Zeit wahrscheinlich, den Mangelerscheinungen auf den Grund zu kommen. Hinreichend genaue Tests für manche Wasserinhaltsstoffe können im Fachhandel erworben werden. Günstiger und verlässlicher ist es aber, sich auf professionelle Messergebnisse zu verlassen. Landwirtschaftliche Untersuchungsanstalten und ähnliche Labors bieten Untersuchungen an, die jedoch nicht immer preiswert sind.

Die Kohlendioxid-Düngung

Aufnahme von CO_2

Verschiedene Nährstoffe wie beispielsweise Stickstoffverbindungen (Ammonium, Nitrate), aber auch Phosphorsalze werden sowohl über die Wurzeln, als auch über die Blätter resorbiert. Kohlendioxid wird nahezu ausschließlich über das Blattwerk aufgenommen. Landpflanzen haben für den Gasaustausch die Spaltöffnungen, Unterwasserpflanzen nutzen hierfür die gesamte grüne Pflanzenoberfläche. Hier diffundieren die im Wasser physikalisch gelösten Gase osmotisch direkt durch die Epidermalzellen in das Pflanzeninnere.

Wann CO_2 zugeben?

Während für Landpflanzen immer ausreichend Kohlendioxid vorhanden ist, ist die Verfügbarkeit von CO_2 im Aquarienwasser von verschiedenen Prozessen und Wasserinhaltsstoffen, vorrangig dem Gleichgewicht zwischen $CaCO_3$ und $Ca(HCO_3)_2$ abhängig. Je härter ein Wasser ist, desto mehr Kohlendioxid benötigt man, um allen Kalk in Lösung zu halten. Reicht das CO_2 nicht mehr, fällt CaCO3 als kristalline Substanz aus. Nun wird es notwendig, Kohlendioxid zuzuführen, um die Ausfällung zu verhindern und bereits gefällten Kalk wieder zu lösen.
Aquarien, die permanent mit Kohlendioxid versorgt werden, zeigen seltener Ausfallerscheinungen. Eine Zudüngung käuflicher Aquarienpflanzendünger erübrigt sich erfahrungsgemäß meist, wenn die Versorgung mit ausreichend CO_2 gesichert ist. Stimmt dieser wesentliche ökologische Faktor nicht, kann die Zugabe von kurzfristig wirkenden Blattdüngern sogar das Gegenteil dessen bewirken, was eigentliches Ziel war. Manche Fadenalgen wachsen im alkalischen pH-Bereich besonders gut und reagieren auf Düngergaben eher als die höheren Aquarienpflanzen.

Technik der CO_2-Zufuhr

CO2 kann man relativ leicht durch Vergärung von Zucker mit Hefe erzeugen. Ist allerdings ein größeres Aquarium zu versorgen, wird wohl fast jeder die Vorratsflasche mit flüssigem Kohlendioxid bevorzugen. Um einen guten Wirkungsgrad dieser Nährstoffzugabe zu erreichen, ist es notwendig, den Lösevorgang zu optimieren. Der Fachhandel bietet unzählige technische Lösungen an. Diffussionszerstäuber oder auch verschiedenste Reaktoren haben eigentlich nur die Aufgabe, möglichst effektiv Kohlendioxid in Lösung zu bringen. Gleichzeitig muss gewährleistet sein, dass sich das gelöste Gas möglichst gleichmäßig im Aquarium verteilt. Die günstigste Möglichkeit wäre, den Reaktor mittels einer Kreiselpumpe mit permanent frischem Wasser zu versorgen, um das mit Kohlendioxid angereicherte Wasser über ein perforiertes Rohr über die gesamte Länge des Aquariums zu verteilen. Diese Anordnung funktioniert bei mir bereits jahrelang bestens.

Kontrolle der CO_2-Werte

Da die Menge des zugesetzten CO_2 möglichst gleich bleibend sein sollte, ist eine permanente Kontrolle der Sättigung erforderlich.

Diese Pflanzenkombination gedeiht auch ohne Kohlenstoffdioxid-Zusatz gut.

INFO

Gleichgewicht $CaCO_3$ und $Ca(HCO_3)_2$
Das im Wasser gelöste Kohlendioxid steht mit dem in Wasser schwer löslichen Kalziumkarbonat im Gleichgewicht:

$$CO_2 + H_2O + CaCO_3 \leftrightarrow Ca(HCO_3)_2$$

Das entstehende Kalziumhydrogenkarbonat ist im Wasser löslich.Diese chemische Gleichgewichtsreaktion ist abhängig von Druck und Temperatur.

Dazu gibt es zwar einen im Aquarium anzubringenden chemischen Indikator, der aber recht träge reagiert und zudem nur Informationscharakter hat. Hier wird lediglich darüber informiert, ob genügend, zu wenig oder zu viel CO_2 zugesetzt wurde. Die technisch eleganteste Lösung ist ein einfacher Regelkreis mit Messkette (pH-Elektrode) als Fühler, Schaltstation mit Magnetventil und CO_2-Vorratsflasche. Die Messkette wird dabei regelmäßig in längeren Abständen kalibriert, um genaue Messergebnisse zu haben. Entsprechend der ermittelten Karbonathärte des Aquarienwassers wird nach der aus der Abbildung (Kurven) zu entnehmenden optimalen CO_2-Sättigung der einzustellende pH-Wert ermittelt. Bei Erreichen des unteren Grenz-pH-Wertes wird die Kohlendioxidzufuhr durch das Magnetventil unterbrochen, bei Überschreiten dieses Wertes wird das Ventil wieder geöffnet.
Ein einmal funktionierender Regelkreis läuft erfahrungsgemäß jahrelang. In zu ermittelnden Abständen sind natürlich die Messketten auszutauschen, da der wichtigste Teil, die Glasmembran, einer natürlichen Alterung unterliegt und nach etwa 2 Jahren beginnt, träge zu werden. Die optimale zuzuführenden Menge an Kohlendioxid steigt mit höherer Karbonathärte an. Diese Tatsache liegt an den chemischen Gleichgewichts-Reaktionen zwischen $CaCO_3$ und CO_2 (◉ Info). Weiterführende Informationen zur Kohlendioxiddüngung sollten spezieller Literatur entnommen werden.

INFO

Assimilation und Photosynthese

▶ **ASSIMILATION** Darunter versteht man die Bildung körpereigener Substanz aus anorganischen und organischen Stoffen.

▶ **PHOTOSYNTHESE** Am Tag erfolgt die Assimilation des Kohlendioxids durch Photosynthese. Dabei wird mit Hilfe der Lichtenergie Kohlendioxid an Wasser angelagert und so Traubenzucker gebildet. Dieser Vorgang verläuft in 2 Phasen: Bei der sog. Lichtreaktion wird Wasser mit Hilfe der Energie des Lichtes unter Mitwirkung des Chlorophylls gespalten. In der Dunkelreaktion (hier wird kein Licht benötigt) wird CO_2 angelagert. Bei diesen Prozessen wird als ein Reaktionsprodukt Sauerstoff freigesetzt.

Die meisten Echinodorus-Arten und -Sorten sind Starklichtpflanzen.

Lebenswichtiges Licht

Nicht alle Pflanzen benötigen für ihren Stoffwechsel Licht als Energiespender. Aber die grünen, Chlorophyll bildenden Arten, und das sind die weitaus meisten Pflanzen, können ohne Licht nicht leben, da ohne Licht keine Photosynthese erfolgen kann. Unter den Aquarienpflanzen gibt es Arten, die mit geringerer Beleuchtung zurecht kommen. Dazu zählen einige *Cryptocorynen,* aber auch der Flussfarn *Bolbitis heudelottii* und verschiedene *Crinum-* und *Anubias*-Arten. Hier kann man von Schattenpflanzen sprechen. Die weitaus meisten Aquarienpflanzen benötigen allerdings helle bis hellste Beleuchtung, um ihre optimale Wuchsleistung zu erzielen. Man spricht hier von Sonnenpflanzen. Die an natürlichen Fundorten erreichten Belichtungsdaten von 120.000 Lux werden unter vivaristischen Kulturmethoden so gut wie nie gemessen. Dass Pflanzen mit wesentlich weniger Licht jedoch auch noch zufriedenstellend wachsen, ist ihrer ökologischen Valenz zu verdanken. Welch ein Glück für Aquarianer! Wenn zu Zeiten des Assimilationsmaximums Sauerstoffbläschen an den Rändern filigraner Blätter entstehen, zeigt uns die Pflanze, dass sie „funktioniert“, denn nur bei ausreichender Assimilation entsteht Zuwachs. Trotz einer gewissen Toleranz von Pflanzen gegen Lichtmangel muss versucht werden, den Pflanzen in künstlichen Lebensräumen ohne Sonnenlicht eine optimale Energiequelle anzubieten. Wird zu wenig beleuchtet, versuchen beispielsweise Stängel-

Intensive Assimilation lässt an den Sprossen von Riccia fluitans **Sauerstoffbläschen entstehen.**

INFO

Chromatische Adaption
Dieser Begriff beschreibt die Fähigkeit der Pflanzen, sich an unterschiedliche spektrale Bereiche (Farben) des Lichtes anzupassen. Sie sind also in der Lage, die sich über den Tag kontinuierlich verändernden Farben des Sonnenspektrums zu nutzen. Während die Umstellung auf die Farben des Sonnenlichtes verzögerungsfrei erfolgt, benötigt die Pflanze bei der Umstellung ihrer Pigmentsysteme auf die unterschiedlichen Spektren von einer Beleuchtungsart auf eine spektral völlig andere eine gewisse Zeitspanne.

pflanzen mittels verlängerter Internodien, die besser beleuchteten Bereiche der Aquarien zu erreichen. Andere werden spillerig und gehen ein!

Geeignete Lichtquellen

In den Anfängen der aquaristischen Pflanzenhaltung war es noch das Sonnenlicht, das, durch Glasfenster gefiltert, die Pflanzen mehr schlecht als recht und dann auch nur den Sommer über wachsen ließ. Inzwischen wurden unterschiedlichste Lichtquellen für vivaristische Belange entwickelt. In jahrelangen Versuchen hat sich gezeigt, dass das Licht von Leuchtstofflampen für Aquarienpflanzen – trotz deren individuellen Ansprüchen – am geeignetsten ist. Bei Aquarienhöhen bis 60 cm und Wasserständen bis 50 cm sollte auf 10 cm Aquarientiefe eine Röhre montiert werden.

LICHTSPEKTRUM Es ist hinlänglich bekannt, dass das für die Photosynthese günstigste Licht ein anderes Spektrum aufweist als das des sichtbaren Lichtes. Photosynthetische Absorptionsmaxima liegen bei etwa 450 µm (blau) und noch einmal bei 650 µm (gelborange). Hat man also die Auswahl, sollten Lampen verwendet werden, die diese Spektralbereiche abdecken. Da aber die spektrale Verteilung der Lichtemission der verschiedenen Lampentypen wie Tageslichtlampen (hoher Blauanteil), Neutralweiß-Lampen (ausgeglichen über den gesamten Bereich) und Warmton-Lampen (höherer Rotanteil) auseinander geht, sollte man als Aquarienbeleuchtung günstigerweise eine Kombination aus allen wählen. Somit kann das für die Pflanze nutzbare Spektrum abgedeckt werden. Die Schaltsequenz der Lampen muss empirisch ermittelt werden. Jedoch kann man hier auch auf die ökologische Valenz der Aquarienpflanzen (Chromatische Adaptationsfähigkeit) vertrauen.

Gleichmäßige Ausleuchtung

Der Handel bietet eine kaum überschaubare Fülle an Beleuchtungsfabrikaten an. Hinzu kommen noch Spezialleuchten mit Spezialreflektoren, in denen Leuchtstofflampen mit HQI-Strahlern kombiniert sind. Unbestritten lassen sich mit diesen Leuchten sehr gut offene Aquarien und auch hohe Becken mit Wasserständen über 60 cm hinreichend ausleuchten. Die Preise für derartige Speziallampen sind allerdings ernüchternd. In der Regel liegt die Höhe eines normalen Heimaquariums aber nicht über 60 cm. Dies bedeutet, dass der Wasserstand über dem Bodengrund höchstens 55 Zentimeter beträgt. Diese Aquarienhöhe wird problemlos mit Leuchtstofflampen ausgeleuchtet. Richtet man sich ein Aquarium ein, ist es wichtig, dass sich die Länge des Beckens an der Länge der verfügbaren Leuchten orientiert. Die Abmessungen sollten so gewählt werden, dass die gesamte Aquarienlänge ausgeleuchtet ist. Die längsten konfektionellen Leuchten sind 150 cm lang und haben eine Leistung von 58 W. Von der Länge der Leuchtstäbe rechnet man noch die Metallfassungen ab, sodass etwa 145 cm optimale Aquarienlänge übrig bleiben.

Beleuchtungsstärke

Ein etwas provozierender Satz: Zuviel Licht über dem Aquarium hat (den meisten) Aquarienpflanzen noch nicht geschadet, zu wenig Licht dagegen schon! Erfahrungsgemäß rechne ich auf 10 cm Aquarientiefe einen Leuchtstab. Das ergibt bei der üblichen Aquarientiefe von 50 cm fünf Leuchtstoffröhren. Ist nun die optimale Aquariengröße 145 cm x 50 cm x 50 cm (jeweils Innenmaß), so erhalte ich

Dieses sog. Holländische Pflanzenaquarium ist ein Beispiel für die Faszination von Unterwassergärten.

ein Volumen von ca. 360 l Wasser. Hierauf kommen 290 W Stromleistung. Dies ergibt folglich einen Beleuchtungsfaktor von 0,8 W/l Wasser. Dieser Beleuchtungsfaktor gilt so nur für Leuchtstofflampen und ist nach einschlägigen Erfahrungen vieler Aquarienpflanzenpfleger ausreichend für nahezu alle Aquarienpflanzen.

Beleuchtungsdauer

Aber nicht nur die Stärke der Beleuchtung ist ausschlaggebend für optimalen Pflanzenwuchs, sondern auch die Dauer der Beleuchtung. Unsere Aquarienpflanzen kommen ursprünglich aus unterschiedlichen Regionen der Erde. *Cryptocoryne* und *Anubias* sind Gattungen aus den Tropen, Arten der Gattung *Echinodorus* kommen zudem auch in subtropischen Bereichen Amerikas vor, und *Isoetes, Eleocharis, Hemianthus* und *Hottonia* sind Pflanzen der gemäßigten Breiten. Die Dauer des Tages in den Tropen beträgt fast genau 12 Stunden, einschließlich der sehr kurzen Dämmerungsphasen. Von den subtropischen zu den gemäßigten Zonen hin verschiebt sich je nach Äquatornähe und Jahreszeit die Taglänge. Im Langtag werden dann meist (mit Ausnahmen) Blüten gebildet, im Kurztag befinden sich die Pflanzen in der vegetativen Phase. Manche annuelle Arten sterben nach dem Blühen ab. In unseren Breiten überdauern nur wenige Pflanzen, wie einzelne *Callitriche* (Wasserstern)-Arten, aber auch die Berle *Berula erecta* oder die Bachbunge *Veronica beccabunga* in der vegetativen Phase die lichtarme Jahreszeit. Es ist daher nicht falsch zu sagen, dass deshalb die Beleuchtungszeit im Aquarium 12 Stunden nicht unterschreiten sollte. Nur wenige Arten vertragen den Kurztag, die meisten kümmern oder sterben ab. Sollen Arten aus allen Breiten gemeinsam in einem dekorativen Pflanzenbecken gepflegt werden, sind 14 Stunden Beleuchtungsdauer empfehlenswert. Dabei kann durchaus die Dämmerung simuliert werden. Für mehrere Stunden eine Beleuchtungspause einzulegen, weil niemand zu Hause ist, ist nicht nur biologischer Unfug, sondern ist auch dem Pflanzenwuchs abträglich, selbst wenn die Summe der Gesamtbeleuchtungszeit über 12 Stunden liegt.
Die technischen Raffinessen sind allein bei der ausschließlichen Verwendung von Leuchtstofflampen vielfältig. Mittels zeitlicher Steuerung und der Verwendung von Röhren unterschiedlicher spektraler Emission können Sonnenauf- und Sonnenuntergänge sehr gut nachgeahmt werden. Dies alles hat aber nur Sinn, wenn das Aquarium keinerlei Tageslicht bekommt.

Lebensraum Wasser

Die Wassertemperatur

Viele der im Aquarium ablaufenden Reaktionen sind in ihrer Geschwindigkeit sowie Umsetzungsqualität und -quantität von der Temperatur abhängig. Dies gilt in gleicher Weise für die wesentlich komplexeren biochemischen Abläufe.

HÖHERE TEMPERATUREN Höhere Temperaturen beschleunigen die stoffliche Umsetzung. Ein relativ einfaches Beispiel ist die Persistenz von Mulmablagerungen in Kaltwasseraquarien. Während sich im tropischen Süßwasserbecken bei normalen Futtergaben eine nur minimale Mulmdecke bildet, die durch Filterung und Wasserwechsel beherrschbar bleibt, hat man im Kaltwasseraquarium Mühe, das Wasser klar zu halten, da der Mulm ewig liegen bleibt. Das bedeutet nichts anderes, als dass die stofflichen Umsetzungen bei niedrigeren Temperaturen bedeutend langsamer ablaufen. Im Sommer, wenn die Temperaturen ansteigen, setzt sich diese Mulmschicht schneller um.

Probleme bei zu hohen Temperaturen

Obwohl viele Aquarienpflanzen aus tropischen oder subtropischen Ländern stammen, wachsen sie bei etwas kühleren Temperaturen um 24 °C besser. Dies ist ebenfalls mit der Abhängigkeit der Nährstoffversorgung der Aquarienpflanzen von der Temperatur zu erklären. Die Temperaturabhängigkeit macht sich besonders bemerkbar, wenn die Quecksilbersäule im Sommer auf 30 °C steigt. Aquarien mit ausgeglichenem Pflanzenwuchs, aber ohne CO_2-Zufuhr, bekommen nun Probleme. In härterem Wasser treten durch flagranten Kohlendioxidmangel verstärkt Kalkausfällungen auf, und der beschleunigte Stoffwechsel der Pflanzen lässt auch weitere Mangelerscheinungen auftreten. Häufig werden Blätter löchrig oder zeigen deutliche Nährstoffmangel-Chlorosen. Durch pH-Wert- Verschiebungen in den alkalischen Bereich werden zudem Nährstoffe, vor allem Metallionen, durch Ausfällung blockiert.

ABHILFE Diese Erscheinungen kann man unterschiedlich zu kompensieren versuchen. Einerseits wäre eine Temperaturabsenkung möglich. Das ist technisch möglich, jedoch äußerst kostenintensiv. Eine Verringerung der Assimilationsleistung durch Verringerung der Beleuchtung kann kurzzeitig Abhilfe schaffen. Günstigste Lösung ist die Zuführung von Kohlendioxid. So wird der Mangel an diesem Pflanzennährstoff kurzfristig behoben, die „biogene Entkalkung" wird dadurch unterbunden und der pH-Wert sinkt automatisch in pflanzenfreundliche Bereiche unter 7,0.

Bei Temperaturen um 24 °C gedeihen die meisten Aquarienpflanzen sehr gut.

Wasser ist nicht gleich Wasser

Der Erfolg bei der Pflege von Aquarienpflanzen hängt wesentlich von der Qualität des Aquarienwassers ab. Wasser, wie es der Hauswasserleitung entnommen wird, hat je nach Ursprung unterschiedliche Zusammensetzung. Zwischen den beiden Extremen hartes und weiches Wasser liegen Wasser mit den Eigenschaften, die wir für die Pflege von Pflanzen nutzen können.

Leitungswasser

Grundsätzlich ist davon auszugehen, dass die öffentliche Trinkwasserversorgung ein Wasser zur Verfügung stellt, das den Anforderungen des Gesetzgebers (IfSG, TrinkWVO) genügt. Um diese Qualität dauerhaft zu gewährleisten, werden von Wasserversorgungsunternehmen und beauftragten Untersuchungsstellen in regelmäßigen Abständen umfangreiche Untersuchungen durchgeführt und die mikrobiologische und chemische Wasserbeschaffenheit geprüft. Bei der heutigen Technologie ist es nur in Ausnahmefällen erforderlich, laufende Trinkwasserdesinfektionen mit chlorhaltigen Mitteln zu beauflagen. Somit kann das der Hauswasserversorgung zugeführte Wasser bedenkenlos zur Haltung von Aquarientieren und Aquarienpflanzen verwendet werden. Auch eine Belastung mit so genannten Pestiziden und Schwermetall-Ionen ist weitgehend ausgeschlossen. Gegenteilige Behauptungen entbehren meist jeglicher Grundlage.

Weiches Wasser

Entstammt das Wasser Urgesteinsformationen, so kann erwartet werden, dass es sehr wenig gelöste mineralische Bestandteile enthält, man sagt auch, dass es weich ist. Dies kann man mit einem Messgerät für die elektrische Leitfähigkeit ermitteln. Da die im Wasser gelösten ionischen Bestandteile für die elektrische Leitfähigkeit verantwortlich sind, haben diese „weichen" Wässer eine Leitfähigkeit etwa zwischen 5 und 50 µS/cm. Sie sind oft relativ sauer, da sie kaum Hydrogenkarbonate zur Pufferung des gelösten Kohlendioxids im Wasser enthalten. Dies führt dazu, dass solches Wasser korrodiv auf die Wasserleitungen wirkt. Modernere Wasserversorgungsanlagen härten solche Wässer durch Filterung über Kalziumkarbonat auf. Weiches Wasser ist für die Kultur der meisten Aquarienpflanzen nicht gut geeignet, da wesentliche Wasserinhaltsstoffe wie Magnesium und Calzium fehlen. Pflanzenarten aus Weichwassergebieten, wie bestimmte Cryptocorynen, aber auch *Rotala wallichii*, wachsen in solchem Wasser allerdings zufriedenstellend. Zur Herstellung der Aquarientauglichkeit des Wassers reicht es, in die Aquarien Kalksteinbrocken zum Aufhärten zu geben. Eleganter ist der Einsatz eines Kalkreaktors, wie er in der Meerwasseraquaristik genutzt wird. Durch dosierten Einsatz von CO_2 wird hierbei Calziumkarbonat in Calziumhydrogenkarbonat umgewandelt. Eine Kontrolle erfolgt über eine pH-Messkette und einen Leitfähigkeitsmesser (S. 12, Kohlenstoffdioxid-Düngung).

Eine kontinuierliche Wasserpflege fördert einen gesunden Pflanzenwuchs.

Hartes Wasser

Entstammt das Leitungswasser Kalkformationen wie Karstgebieten oder auch den mächtigen Kiesablagerungen der Grund- und Endmoränenlandschaft Norddeutschlands, so hat es bei seinem Weg durch den Boden sehr viele Mineralien, vor allem Karbonate gelöst, die als Hydrogenkarbonat dem Wasser seine Härte verleihen. Die elektrische Leitfähigkeit liegt hier über 300 µS/cm und steigt teilweise auf 1500 µS/cm. Derartige Wässer, vor allem solche des höheren Härtebereiches, sind gleichermaßen problematisch für die Wasserversorgung, da die Leitungen sich häufig mit Kalkkrusten zusetzen. Auch hier können technische Möglichkeiten der Wasseraufbereitung genutzt werden. Wie bekannt, ist das

INFO

pH-Wert

▸ **MASSZAHL** für die Wasserstoffionen-Konzentration und damit für die Acidität oder Alkalität (Stärke der sauren oder basischen Reaktion) einer Lösung:

pH < 7 sauer
pH = 7 neutral
pH > 7 basisch

▸ **MESSUNG** des pH-Wertes

★ Durch Vergleich mit standardisierten pH- Lösungen mittels Messketten (pH-Elektroden).

★ Kolorimetrisch unter Verwendung von Indikatoren, die bei bestimmten pH-Werten Farbumschläge zeigen.

Gleichgewicht zwischen gefälltem $CaCO_3$ und gelöstem $Ca(HCO_3)_2$ auch druckabhängig. Durch Druckerhöhung in großen Reaktoren und darauf folgender Expansion, also einer plötzlichen Druckminderung, wird Calziumkarbonat ausgefällt und damit dem Wasser entzogen. Ähnliche Erscheinungen bemerkt man beim Erstbefüllen von Aquarien in Gegenden mit härterem Wasser; vorrangig höherer Karbonathärte: Auf den Scheiben und Pflanzen setzen sich Kalkablagerungen ab. Diese Ausfällungen gehen auf Druckverlust beim Befüllen zurück.

Kupferhaltiges Wasser durch Leitungen

Nun werden die Hausinstallationen in der heutigen Zeit sehr häufig in Kupfer ausgeführt. Obwohl durch die damit verbundene, möglicherweise veränderte Zusammensetzung des Wassers für den erwachsenen Menschen kaum gesundheitsrelevante Folgen eintreten, ist die Situation in einem Aquarium anders zu bewerten. Bereits eine Konzentration von 0,08–0,8mg/l Cu^{++}-Ionen wirkt auf Fische, aber schon 0,02mg/l auf einige Pflanzen toxisch. Die Toxizität von Kupferionen kann man z.B. daran erkennen, dass Lösungen von Kupfersulfat zur Algenbekämpfung in Pools eingesetzt werden.
ABHILFE Ich habe das Problem für mich so gelöst, dass ich das Wasser für die Wasserdurchlaufanlage des Aquariums kurz hinter dem Wasserzähler durch DVGW-geprüftes Plastrohr ableite. In Mietshäusern gibt es mit dieser Lösung aber möglicherweise Probleme. Sind in Gegenden mit Wasser höherer Karbonathärte (SBV) die Innenwände der Kupferleitungen mit einem Kalziumkarbonatmantel überzogen, gehen kaum noch Kupferionen in Lösung, womit wieder aquarientaugliches Wasser aus der Leitung kommt. In Gegenden mit sehr weichem, leicht saurem Wasser erfolgt auch aus Gründen des Korrosionsschutzes oft eine Aufhärtung. Nützt dies alles nichts, bleibt nur noch der Einsatz einer Umkehrosmoseanlage mit anschließender Aufhärtung.

Durch regelmäßige Wasserwechsel lassen sich Belastungsmaxima vermeiden.

Aquarientaugliches Wasser

Man sollte sich im Klaren darüber sein, dass alle chemischen und biologischen Vorgänge im Aquarium temperaturabhängig sind. Zwar gibt es noch weitere reaktionskinetische Abhängigkeiten, doch die Temperatur ist die im Aquarium am einfachsten zu beeinflussende Größe. Gehen wir nun der Einfachheit halber fortan von einem mittelharten Wasser mit einer Karbonathärte von 10° KH aus. Dies entspricht etwa einem Säurebindungsvermögen von 3,57 mmol/l. Ein solches Wasser ist ohne weitere Aufbereitung für die meisten Aquarienpflanzen in einem durchschnittlich zwölf bis vierzehn Stunden täglich und nicht zu hell beleuchteten Aquarium mit eher knappem Fischbesatz geeignet.

Der pH-Wert unterliegt täglichen Schwankungen und gleicht etwa einer Sinuskurve. Morgens liegt der pH-Wert meist um 7,0. Am frühen Nachmittag könnte der Wert durch das Assimilationsmaximum auf etwa pH 8 ansteigen, um dann über Nacht langsam den Morgenwert zu erreichen. Etwa adäquat ist die Sauerstoffsättigung zu beurteilen, die gleichfalls morgens ihr Minimum erreicht, um zum Assimilationsmaximum hin anzusteigen und später wieder den Morgenwert zu erreichen. Diese Erscheinungen verstärken sich bei dichtem Pflanzenwuchs und starker Beleuchtung. Da kann es schon mal vorkommen, dass bei unzureichender Kohlendioxidkonzentration der pH-Wert stark in den alkalischen Bereich über 9 ansteigt. Feldmessungen an heimischen Gewässern ergaben Extremwerte, die nahe bei pH 10 lagen. Dies ist weder für Fische noch für die Pflanzen zuträglich. Steigt, wie in Aquarien oft üblich, zudem die Temperatur im Laufe des Tages über 28 °C an, hat bald niemand mehr Freude am Pflanzenaquarium. Außerdem sind die auf den Blättern durch die Ablagerung von Kalziumcarbonat entstehenden Krusten sind nicht nur optisch unschön, sondern sie wirken sich außerdemnegativ auf die Assimilationsleistung aus.

Die Wasserpflege

Der normale Betrieb eines mit Pflanzen und Fischen besetzten Aquariums ist von immerwährenden biologischen und chemischen Umsetzungsprozessen begleitet. Futtergaben, absterbende Pflanzenteile und Ausscheidungen der Aquarientiere, aber auch Düngung der Pflanzen bestimmen im Wesentlichen den Input in das offene System Aquarium. Über verschiedene Zwischenstufen wird abgestorbene organische Substanz durch Mikroorganismen wie Bakterien und Pilze zum weiteren Energiegewinn letztlich in energiearme anorganische Stoffe umgewandelt. Günstigerweise gehen diese Substanzen dann wieder in den Stoffkreislauf ein, um alle Stufen des Auf-, Um- und Abbaus erneut zu durchlaufen. Diese Prozesse werden jedoch durch permanente Eingriffe von außen immer wieder manipuliert. Erfahrungsgemäß häufen sich infolgedessen Endprodukte wie Phosphate, Nitrate und auch schwer zersetzliche Kohlenstoffverbindungen. Es werden dabei auch schwer lösliche Verbindungen wie bestimmte Phosphate und Sulfate gebildet, die verschiedene essentielle Spurenelemente wie beispielsweise Eisen, Mangan, Zink und Kupfer blockieren und damit dem Stoffkreislauf entziehen können.

Regelmäßiger Wasserwechsel

Um diese Erscheinungen zu kompensieren und für Fische und Pflanzen optimale Lebensbedingungen zu bieten, hat sich ein regelmäßiger Wasserwechsel eingebürgert. Hierbei werden Endstufen der Stoffumsetzungen, aber auch teils toxische Zwschenstufen des Umbaus dem Aquarienwasser entzogen. Gleichzeitig werden durch die Zugabe von Frischwasser verbrauchte Inhaltsstoffe, vorrangig Härtebildner, wieder zugeführt.

Kontinuierlicher Wasserdurchlauf

Für Fische und Pflanzen hat sich ein kontinuierlicher Wasserdurchlauf durch das Aquarium als optimal herausgestellt. Durch den permanenten Zustrom von wenig Frischwasser pro Zeiteinheit (wenige Tropfen pro Sekunde) wird eine stetige Verdünnung der Abbauprodukte erreicht. Überschüssiges Wasser wird über einen Sicherheitsablauf in die Abwasseranlage eingeleitet. Dieser permanente Wasseraustausch bewirkt eine Glättung der Wasserbelastung und den Wegfall der beim periodischen Wasserwechsel rhythmisch auftretenden Belastungswechsel. Die Durchlaufrate müssen Sie nach von Ihnen empirisch ermittelten Werten einstellen.

PROBLEM	URSACHE	LÖSUNG
Dunkelbraunes Wasser mit torfigem Geruch.	Schwarztorfhaltiger Bodengrund. Zu wenig gewässerte Moorkienwurzeln eingebracht. Dekoration aus ungewässerter Korkrinde.	Moorkienholz und/oder Dekorationsmaterial vor dem Einbringen in das Aquarium langzeitig unter häufigem Wasserwechsel wässern. Torf aus dem Bodengrund entfernen. Häufiger Teilwasserwechsel in Tagesabständen, Wasserdurchlauf.
Harte grauweiße Beläge auf den Deckscheiben, an den Aquarienscheiben, auf der Einrichtung.	Ablagerungen von Mineralien aus dem Wasser, vorrangig Kalk.	Deckscheiben mit Essigwasser waschen. Kalkbeläge vorsichtig mit einem Hartschwamm oder Scheibenreiniger aus Edelstahlwolle entfernen. Überprüfen des Kalkgehaltes von Dekoration und Bodengrund. Zufuhr von Kohlendioxid zum Aquarienwasser
Schwarzer, faulig riechender Bodengrund.	Der Bodengrund enthält zu viele organische, zersetzbare Substanzen, die unter Luftabschluss mikrobiell zersetzt werden.	Austausch des gesamten Bodengrundes gegen kiesiges, gut durchflutbares Substrat. Ggf. Einsatz einer Bodenheizung. Regelmäßiges manuelles Auflockern des Aquarienbodens.
Allgemein schlechter Pflanzenwuchs (Chlorosen), wiederkehrendes Fischsterben.	Kupferhaltiges Wasser verursacht durch Hausleitungen.	Sehr schwer zu behebendes Problem. Ist das Wasser gut gepuffert (hoher Anteil an Hydrogenkarbonaten), löst sich das Problem durch die an den Innenwänden der Rohre entstehende Kalkkruste von selbst. Inbetriebnahme einer Umkehrosmoseanlage. Einsatz von Ionentauscherharzen.

▶ PROBLEM	▶ URSACHE	▶ LÖSUNG
Der pH-Wert ist unter 6, d.h. das Wasser ist zu sauer.	Wasser ist zu mineralarm, enthält zu wenig Härtebildner. Zu starke Fütterung bei unzureichendem Wasserwechsel. Fehlerhaftes Ansäuern mit Mineralsäuren.	Aufhärten des Wassers im Kalkreaktor. Zugabe von Muschelkalkbruch in das Wasser (schlechte Regulierungsmöglichkeiten). Wasserwechsel unter gleichzeitiger Zugabe von Kalziumhydrogenkarbonat-Lösung. Filterung über Kalksteinbruch bei permanenter pH-Kontrolle.
Der pH- Wert liegt über 8,5, d.h. das Wasser ist zu basisch.	Das Wasser enthält zu viel Hydrogenkarbonate. Der Bodengrund ist kalkhaltig. Das Dekorgestein besteht aus Kalk. Es herrscht CO_2- Mangel.	Prüfung des Bodengrundes und des Dekorationsgesteins auf Kalk mit verdünnter Salzsäure, ggf. Austausch gegen Ergussgestein oder Quarz. Kontrollierte Zugabe von CO_2. Wasserwechsel mit Umkehrosmosewasser oder Regenwasser. Permanente pH-Kontrolle .
Zu mineralarmes Wasser.	Falsche Einstellung der Umkehrosmose. Verwendung von entionisiertem Wasser aus Hauswasserversorgung. Verwendung von Grundwasser aus Urgestein.	Aufhärten des Wassers durch Filterung über Kalksteingrus oder Marmorsplitt. Umkehrosmosewasser mit mehr Originalwasser verschneiden. In beiden Fällen permanente Kontrolle der elektrischen Leitfähigkeit.
Zu mineralreiches Wasser.	Ausgangswasser enthält zu viele Härtebildner. Falsche Wasseraufbereitung. Bodengrund und/oder Dekorationsmaterial geben Kalk an das Wasser ab.	Prüfung des Bodengrundes und des Dekorationsgesteins auf Kalk mit verdünnter Salzsäure, ggf. Austausch gegen Ergussgestein oder Quarz. Wasserwechsel mit Umkehrosmosewasser oder Regenwasser.

Algen im Aquarium

Aus langjähriger Erfahrung weiß ich, dass es ein algenfreies Aquarium nicht gibt. Dies würde zumindest jede mikroskopische Untersuchung des Aquarienwassers ergeben. Auch der Aufwuchs auf Pflanzen, Dekorationen und den Scheiben besteht im Wesentlichen aus Algen. Algen kommen fast überall vor. Weltweit gesehen sind Algen neben den Urwäldern die hauptsächlichen Sauerstofflieferanten und damit Kohlendioxidzehrer.

Auch in scheinbar algenfreien Aquarien sind stets Algen vorhanden. Bei guter Wasserpflege werden sie nicht zur Plage.

Algen – Indikatoren der Wasserqualität

Im Aquarium können Algen jedoch auch problemträchtig sein. Grundsätzlich sollte gesagt werden, dass Algen aber durchaus nicht Gegenstand sorgfältig geplanter Bekämpfungsstrategien werden müssen. Selbst dann, wenn auf Blättern, Moorkienwurzeln, aber auch auf manchen Schnecken Algen wachsen, muss nicht gleich zur chemischen Keule gegriffen oder das gesamte Aquarium neu eingerichtet werden.
Algen haben sowohl in der Natur, als auch im begrenzten Volumen eines Aquariums gewissermaßen Zeigerfunktion. Das Vorkommen der Rotalge *Hildenbrandtia rivularis* beispielsweise, die als roter Aufwuchs auf Steinen im schnell fließenden, klaren Wasser von Bächen zu erkennen ist, ist Indikator einer ausgezeichneten Wasserqualität. Ähnliches kann von den meisten Grünalgen gesagt werden. Sie stellen also grundsätzlich für den Wuchs höherer Pflanzen kaum eine Gefahr dar. Nun wird dieser Satz häufig durch die Praxis relativiert und selbst Profis kann es passieren, dass in dem einen oder anderen Fall eine Algenplage langjährige Erfahrungen in Frage stellt. Ein Aquarium ist ein ökologisches System, das hinsichtlich Input (Eintrag) und Output (Austrag) als offenes System anzusehen ist. Algenwuchs und das Wachstum der höheren Pflanzen unterliegen den gleichen Einflussfaktoren. Algen sind niedere Pflanzen, die wegen ihrer einfachen Struktur und der Unmittelbarkeit ihres Stoffaustauschs mit ihrer Umgebung sehr schnell auf Veränderungen ihrer Habitate reagieren können. Häufen sich nun, durch welche Ursache auch immer, Nährstoffe im Wasser an, werden sie von den Algen zuerst genutzt. Dies führt dann häufig zu deren explosionsartiger Vermehrung.

INFO

Algenblüte
Von Zeit zu Zeit können Aquarien von einer so genannten Algenblüte heimgesucht werden. Hierbei handelt es sich um die explosionsartige Vermehrung meist einzelliger, planktischer Grünalgen, aber auch Blaualgen können beteiligt sein. Plötzliche Veränderungen im Nährstoffangebot werden als Ursachen für Algenblüte angenommen. Auch eine Erhöhung des Lichtangebots kann zu solchen Erscheinungen führen. Rechtzeitig bemerkt reicht es, lebende Daphnien in größerer Menge in das Aquarium zu geben. Diese Wasserflöhe sind nämlich Filtrierer und nutzen diese winzigen Algen für ihre Ernährung.

Ursachen für Algenwuchs

Um aber dieser dann schnell lästig werdenden Plage zu entkommen, muss zuerst erkundet werden, welche gravierenden Veränderungen in der letzten Zeit im Aquarium vorgenommen worden sind. Möglichkeiten wären beispielsweise drastische Veränderungen im Fischbesatz, Wechsel der Futterart, Düngerzusatz für besseren Pflanzenwuchs, Veränderungen in der Aquarienbeleuchtung, vor allem aber kommen auch Zusätze von Antibiotika zur Krankheitsbekämpfung bei Fischen in Frage. Es kann aber auch schon eine Temperaturerhöhung ausreichen, um den Stoffwechsel der Algen erheblich zu intensivieren und damit deren explosionsartige Vermehrung auszulösen.

Algenarten

Zur Zeit zählt man mehr als 25 000 verschiedene Algenarten. Nur wenige Botaniker kennen sich in dieser Vielfalt exakt aus. Für den Aquarianer sind grobe Klassifizierungen der einzelnen systematischen Gruppen und die Beurteilung ihrer Bedeutung für den Zustand des Aquariums hinreichend und trotzdem schwierig genug. Auch bei stärkerem Auftreten sind jedoch bei weitem nicht alle Algen für das Aquarium schädlich. In der Aquarienkultur unterscheidet man grob: Grünalgen (*Chlorophyceae*), Rotalgen (*Rhodophyta*), Kieselalgen (*Bacillariophyceae*), Braunalgen (*Phaeophyceae*) und die systematisch gemeinsam mit den Bakterien zum Reich der Monera zählenden Blaualgen, Blaubakterien oder Cyanobakterien (*Cyanophyta*). Letztere gehören zu den kernlosen Lebewesen und haben somit eine Sonderstellung, ebenso wie die höher organisierten Armleuchteralgen (*Charyophyceae*). In manchen Aquarien, aber auch in Gartenteichen, gedeihen die habituell den höheren Pflanzen ähnelnden Armleuchtergewächse erstaunlich gut. Das Vorkommen ist jedoch an ein sauberes, karbonatreiches, basisches und phosphatarmes Wasser gebunden. Eine Kultur unter Aquarienbedingungen ist deshalb relativ selten und eigentlich nur Spezialisten vorbehalten. Gelegentlich werden Arten der Gattungen *Chara* und *Nitella* kultiviert.

Grünalgen

Grünalgen stellen mit etwa 8 000 Arten neben Rotalgen die im Aquarium häufigsten Algenarten. Das Auftreten der meisten Grünalgen in geringer Populationsdichte in Aquarien ist normal. Auch sollte das gelegentlich massenhafte Auftreten von Grünalgen in ihren verschiedenen Organisationsformen durchaus als Hinweis auf ein grundsätzlich intaktes Aquarium gewertet werden. Dabei sind die den Scheiben und Pflanzen aufsitzenden kolonieartigen Algenaggregationen relativ leicht abzustreifen und stören im Allgemeinen wenig. In vielen Aquarien finden wir aber auch recht lästige Vertreter der Grünalgen, wie die Pelzalge. Hier helfen Apfelschnecken, aber auch ancistrine Saugwelse, die Algen langfristig in Grenzen zu halten.

Fadenalgen

Fadenalgen aus verschiedenen Gattungen, meist *Cladophora*, sind da etwas lästiger. Besonders bei feinblättrigen Stängelpflanzen oder einem dichten Rasen *Echinodorus tenellus* oder ähnlich rasig wachsenden Pflanzen im Aquarium wird die Arbeit bei Fadenalgenbefall schnell zur Strafe. Oft müssen ganze Bestände vernichtet werden, da sie zu einem Knäuel nicht mehr entwirrbarer Pflanzenmasse verfilzt sind.

Rotalgen

Rotalgen kommen in etwa 5 500 Arten vor. Sie bevorzugen ein sauerstoffhaltiges, also oxidierendes Umfeld und breiten sich unter bestimmten Bedingungen im Aquarium beängstigend schnell aus. Bald überziehen sie Steine, Wurzeln und die Blätter langlebiger, langsam wüchsiger Aquarienpflanzen. Da sie zur Assimilation von Bikarbonaten fähig sind, enthalten sie häufig Kalk und werden von Fischen kaum gefressen (Abhilfe durch CO_2-Zugabe, S.12).

INFO

Algenvertilger

Sowohl Fadenalgen als auch Pelzalgen werden von den kleinen Süßwassergarnelen, v.a. den „Amano-Garnelen" *Caridina japonica*, gern gefressen. Pelzalgen werden außerdem von Apfelschnecken verzehrt. Saugschmerlen halten vor allem im Alter oft nicht das, was von ihnen erwartet wird. Auch größer werdende Schilderwelse sind, obwohl sie jede grüne Alge fressen, als dauerhafter Algenvertilger allerdings nicht zu empfehlen. Sie fressen mit zunehmender Größe, trotz vegetarischer Zufütterung, auch höhere Wasserpflanzen. Zudem sind sie wegen ihrer durch die Größe bedingten, etwas ungelenken Schwimmbewegungen für feine Aquarienpflanzen problematisch.

Große Blätter von See- und Teichrosen werden nicht so schnell von Algen besiedelt.

Blaualgen

Zu den so genannten Blaualgen oder Blaubakterien zählen verschiedene Gruppen von Lebewesen. In der Aquaristik sind Formen der sog. Schmieralgen (ca. 2000 Arten) relevant. In besonderen Fällen kommen Blaualgen symbiontisch mit höheren Pflanzen vor. Beispiel ist hier der Algenfarn *Azolla*, der mit der Blaualgengattung *Anabaena* in Symbiose lebt. Blaualgen sind in der Lage, molekularen Stickstoff zu fixieren und tragen damit zur Gewässereutrophierung bei. Sie tolerieren Nitratkonzentrationen über 200 mg/l problemlos. Gleiches gilt für die Phosphattoleranz. Wegen ihres rasanten Wachstums können Blaualgenkolonien innerhalb kürzester Zeit das gesamte Aquarium überziehen. Höhere Pflanzen werden unter diesem Teppich erstickt. Der Bodengrund wird abgedeckt und durch fehlende Wasserzirkulation treten bald anaerobe Zustände auf. Zerfallsprodukte der Blaualgen sind meist giftig für die Fische und Wirbellosen im Aquarium.

URSACHEN Im Allgemeinen sind massenhaft auftretende Blaualgen Indikator für gravierende Störungen im Ökosystem Aquarium, meist resultierend aus einer Nährstoffüberlastung, wie sie durch unzweckmäßig hohe Futtergaben in Verbindung mit unzureichendem Wasserwechsel, aber auch ungeeignetem Bodengrund entstehen kann.

ABHILFE Einzige Bekämpfungsmöglichkeit besteht im fortwährenden Stören der Entwicklung dieser Kolonien durch Absaugen des Bodengrundes, Abstreifen der Filme von Einrichtungsgegenständen sowie Scheiben und täglichem Wasserwechsel. Gleichzeitig sollten so viel wie möglich schnell wachsende höhere Pflanzen wie das Hornblatt *Ceratophyllum* oder *Egeria* (Wasserpest), aber auch andere schnell wachsende und damit stark Nährstoff zehrende Arten im Aquarium untergebracht werden.

INFO

Gewässereutrophierung

Darunter versteht man den Übergang eines Gewässers von einem nährstoffarmen in einen nährstoffreichen Zustand. Dadurch wird das Wachstum von Pflanzen enorm verstärkt. Sie treten untereinander in Konkurrenz um Licht und Platz. Massenvermehrungen von schwebenden Algen (pflanzliches Plankton) trüben das Gewässer. Aus Lichtmangel sterben tiefer stehende Pflanzenteile und tiefer schwebende Algen ab. Die abgestorbenen Pflanzen werden von Mikroorganismen zersetzt, wobei Sauerstoff verbraucht wird. Der Sauerstoffschwund kann im Extremfall das gesamte Gewässer betreffen. Umgangssprachlich spicht man von einem „umgekippten" Gewässer. Die gesamte organische Masse verfault nun bei anaerobem Abbau (= Abbau in Abwesenheit von Sauerstoff) unter Bildung von u.a. Methan, Schwefelwasserstoff, Ammoniak, die alle als Gifte wirken.

▶ PROBLEM	▶ URSACHE	▶ LÖSUNG
Schmierige, bläuliche oder graue Beläge auf Scheiben und Einrichtung.	Blaualgen, Schmieralgen. Zu hoher Fischbesatz. Überfütterung. Ungeeigneter Bodengrund.	Algenbeläge absaugen. Häufiger Teilwasserwechsel in Tagesabständen, Wasserdurchlauf installieren. Fischbesatz reduzieren (empirisch). Lebendfutter verabreichen oder knapp mit käuflichem Futter füttern. Bodengrund, wenn er zu viele organische Bestandteile enthält austauschen.
Abnorm gefärbtes, trübes Wasser mit abweichendem Geruch.	Massenhafte Entwicklung von Schwebealgen oder Infusorien wegen Überfütterung, verendeter Tiere, ungeeignetem Bodengrund, funktionsgestörtem Filter, Überdüngung.	Häufiger Teilwasserwechsel in Tagesabständen, Wasserdurchlauf. Futtergaben drastisch reduzieren, auf lebende Daphnien umstellen. Bodengrund testen, ggf. austauschen (nur bei hohem Antei organischer Bestandteile).
Ausbildung einer stabilen Oberflächenhaut.	Rasen von Mikroorganismen an der Wasseroberfläche.	Häutchen durch Auflegen saugfähiger Materialien (Zeitungspapier) abnehmen. Verstärkung der Oberflächenbewegung. Einsatz eines Skimmers zur Oberflächenabsaugung.

Ein gesunder Bestand von *Hygrophila corymbosa.*

Kranke Aquarienpflanzen

Stiefkind der Forschung

Die Phytopathologie ist die Lehre von den Krankheiten der Pflanzen. Sie widmet sich besonders den Arten und Sorten, die für die landwirtschaftliche und gärtnerische Produktion relevant sind. Aber auch die Teichpflanzen aus gärtnerischer Kultur sind hinsichtlich ihrer Krankheiten gründlicher als die meisten anderen Sumpf-, Wasser- und Uferpflanzen, besonders aber Aquarienpflanzen, untersucht worden. Fast alle mir bekannten Aussagen zu Krankheiten von Aquarienpflanzen sind Ergebnisse empirischer Erkenntnisse. Weitaus seltener liegen ihnen gezielte wissenschaftliche Analysen zu Grunde. Sicher ist, dass Wasserpflanzen und damit auch Aquarienpflanzen genauso krank werden können wie Landpflanzen.

Ursachen für Erkrankungen

Oft geht der Erkrankung einer Pflanze eine Schwächung des Organismus voraus. Die Ursachen können vielschichtig sein. Pflanzen fressende Aquarientiere, unzureichende Wasserpflege, übermäßige Futtergaben, plötzliche Veränderungen der Pflegebedingungen können genauso Ursache sein, wie Konkurrenz der Pflanzen untereinander oder so genannte allelopathische Effekte.

ALLELOPATHIE Durch Ausscheidung von wuchshemmenden Substanzen sind manche höhere Pflanzen in der Lage, sich einen Freiraum zur Individualentfaltung zu schaffen. Auch Aquarienpflanzen können gegeneinander unverträglich reagieren, wie beispielsweise bestimmte Cryptocorynen gegen Vallisnerien. Durch eine ausgeglichene Wasser- und planvolle Pflanzenpflege ist es möglich, die Kulturbedingungen für Aquarienpflanzen so weit zu optimieren, dass pathogene Effekte weitgehend ausgeschlossen werden können.

PROBLEM	URSACHE	LÖSUNG
Allgemein schlechtes „spilleriges" Aussehen der Pflanzen.	Falsche, unzureichende oder überalterte Lampen. Nährstoffmangel.	Erneuerung der Lampen. Verlängerung der Beleuchtungszeit auf mindestens 12 Stunden. Anpassung der Lampenspektren an Bedürfnisse der Pflanzen („Pflanzenlicht"). Einbringen von Langzeitdünger (Lehm) in den Bodengrund. Evtl. Zusatz von Kohlendioxid.
Stängelpflanzen wachsen in langen Internodiensprüngen.	Zu schwache Beleuchtung.	Anpassen der Beleuchtungsstärke an die Bedürfnisse der Stängelpflanzen.
Blätter sind blassgrün, von schwächlicher Substanz.	Nährstoffmangel durch gewaschenen Bodengrund. Ausfällen (Blockieren) von Nährstoffen durch zu hohen pH- Wert.	Zugabe von Lehm an die Wurzeln der Pflanzen. Absenken des pH-Wertes durch die Zugabe von Kohlendioxid. Evtl. Zugabe chelatmaskierter (pflanzenverfügbarer) flüssiger Aquarienpflanzendünger.
Blätter werden löchrig, sind aber sonst gesund.	Fraßstellen durch Aquarienbewohner.	Auf Pflanzenfresser achten. Ggf. Zufütterung von pflanzlicher Kost.
Glasige, später nekrotische Flecke auf den Blättern, Zerfall der Blätter.	Mangelhafte Wasserpflege. Einseitige Nährstoffüberlastung durch z.B. Nitrat – Cryptocorynenkrankheit".	Häufiger Teilwasserwechsel, möglichst Wasserdurchlauf. Nitrateliminierung. Verhinderung zu drastischer Wechsel der Pflegebedingungen (Licht, Düngung, Fischbesatz, Temperatur).

PROBLEM	URSACHE	LÖSUNG
Mechanisch beschädigte Pflanzen und Pflanzenteile.	Es sind arge Pflanzenfresser oder große, revierbildende und damit „revierbereinigende“ Fische im Aquarium.	Anpassung des Pflanzenbesatzes an die gepflegten Tiere.
Weiße, raue Beläge auf den Blättern.	Ablagerung von Kalziumkarbonat durch „biogene Entkalkung“.	Dosierte Zugabe von Kohlendioxid („CO_2- Düngung“).
Wiederkehrend verfaulende unterirdische Pflanzenteile.	Ungeeigneter Bodengrund. Unzureichende Wasserpflege. Stark vermulmter, zu grober Bodengrund.	Absaugen und Durchspülen des Bodengrundes. Regelmäßiger Wasserwechsel. Ggf. Austausch des Bodengrundes.
Verkrüppelte, unnatürlich verformte emerse Pflanzenteile.	Schädlingsbefall (Blattläuse, Weiße Fliege, Spinnmilben usw.).	Vorsichtige mechanische Bekämpfung (Abstreifen der Schädlinge). Befallene Pflanzenteile kurzzeitig unter Wasser drücken. Fische fressen Schädlinge oft ab.
Vertrocknete emerse Pflanzenteile.	Pflanzenteile verbrennen an der Beleuchtungsanlage. Nährstoffmangelkrankheiten.	Beleuchtungsanlage höher hängen. Nach Abklärung des Nährstoffmangels gezielte Zugabe der entsprechenden Düngerlösung.

AQUARIENPFLANZEN IM PORTRÄT

Die Welt der Aquarienpflanzen

Pflanzen für das Aquarium

Es ist die Summe vieler Parameter, die Erfolg oder Misserfolg in der Pflanzenaquaristik bedingt. Bodengrund, Wasserbeschaffenheit, Fütterungsstrategie für die Aquarienbewohner und pflanzensoziologische Aspekte beeinflussen wesentlich, ob eine künstlich zusammengestellte Pflanzengemeinschaft in einem begrenzten Wasservolumen Überlebenschancen hat. Nun darf man erst einmal getrost der ökologischen Valenz unserer Aquarienpfleglinge trauen. Pflanzen, die mit den gegenwärtig optimal möglichen Bedingungen nicht zurechtkommen, haben das auch mit dauerhafter Verweigerung dokumentiert, z.B. an Pflanzen wie *Barclaya mottley, Ottelia mesenterium,* aber auch die kurzlebige Pflanze *Hydrothrix gardneri* (Brasilianisches Wasserhaar).Trotzdem bleiben hinreichend Arten und Sorten aquaristisch bestens geeigneter Sumpf- und Wasserpflanzen übrig, um ausgewogen und interessant gestaltete Schauaquarien zu bepflanzen. Eine Auswahl davon wird nun vorgestellt. Alle Angaben beziehen sich, wenn nicht ausdrücklich anders genannt, auf die submerse Form der Pflanzen. Doch zunächst einige Anmerkungen zu ausgewählten Gattungen.

Aponogeton-Arten sind oftmals anspruchsvolle Pflanzen und setzen Erfahrung in der Pflege voraus.

Einige ausgewählte Gattungen

anubias Diese Gattung ist hauptsächlich in einem begrenzten Gebiet entlang der tropischen Küste Westafrikas von Senegal bis nach Zaire, aber auch in Mali und Ostzaire an Gewässerrändern gefunden worden. Sie umfasst 8 Arten. Die Art *Anubias barteri* wird überdies in 5 Varietäten unterteilt, von denen nahezu alle gut für die Kultur im Aquarium geeignet sind. Dazu gibt es eine systematisch noch unklare Form Anubias barteri „Coffeefolia“. Alle Arten sind Rosettenpflanzen mit auf dem oder im Substrat kriechend wachsendem, walzlichem, mehr oder weniger dicken Rhizom. Die rückwärtigen Blätter sterben nach und nach ab. Zu beachten ist, dass die Unterwasserblätter aller Anubias-Arten sehr

INFO

Ökologische Toleranz bzw. Valenz

Sie bezeichnet den Wertebereich eines Umweltfaktors, innerhalb dessen die Individuen einer Population oder Art existieren können.

Cryptocorynen sollten erst in bereits eingefahrene Aquarien gepflanzt werden.

INFO

Helligkeitsangaben

Die Helligkeitsangaben in den Porträts beziehen sich auf Wasserstände über dem Bodengrund von höchstens 50 cm. Die Maßeinheit W/l Wasserinhalt ist eine Erfahrungszahl und bezieht sich auf die Lichtfarben

Neutralweiß 20
Warmweiß 21
Warmton 30 und
Warmton de luxe 31

von üblichen stabförmigen Leuchtstofflampen. Davon abweichende Lichtfarben können zu anderen Helligkeitsergebnissen führen:

weniger als 0,4 W/l = mäßig hell
0,5–0,7 W/l = hell
mehr als 0,7 W/l = sehr hell

dauerhaft und damit besonders für Rotalgenbefall prädestiniert sind. Hier könnte Kohlendioxidzusatz Abhilfe schaffen.

APONOGETON Die Gattung Aponogeton ist in den Tropen und Subtropen der Alten Welt weit verbreitet. In Amerika fehlt sie. Alle Aponogeton- Arten sind Wasserpflanzen mit mehr oder minder ausgeprägter, teils ökologisch bedingter Wuchsrhythmik. Es werden sowohl temporäre, als auch permanente, fließende oder stehende Gewässer besiedelt. Alle Arten sind Rosettenpflanzen und besitzen Speicherorgane in Knollen- oder Rhizomform, um gegebenenfalls ungünstige Jahreszeiten zu überdauern. Der Bodengrund sollte immer lehmhaltig sein. Bei rhizombildenden Arten bleiben die rückwärtigen Wurzeln erhalten. Nur in Ausnahmefällen findet eine Rhizomverzweigung statt (*A. rigidifolius*). Der Blütenstand ist, je nach Art, eine ein- oder mehrschenklige Ähre unterschiedlicher Färbung. Im Samen liegt bereits der fertige Embryo vor, der sofort nach dem Ausfallen submers keimt. Die Aufzucht gestaltet sich je nach Art unterschiedlich schwierig.

CRYPTOCORYNE Die Gattung Cryptocoryne ist in ganz Südostasien in den küstennahen Gebieten, einschließlich der Inseln verbreitet. Die krautigen Pflanzen wachsen rosettig und vermehren sich im Wesentlichen vegetativ durch Ausläufer, bilden aber auch Samen. Je nach Vorkommen und Biotopbeschaffenheit sind die Arten mehr oder weniger für die Unterwasser-Kultur im Aquarium geeignet.

ECHINODORUS Diese Gattung ist nur in Amerika verbreitet, von den USA bis nach Argentinien. Echinodorus-Arten sind rosettig wachsende Sumpfpflanzen, die längere oder dauerhafte Überflutung ertragen. Manche Sippen sind rheobiont, andere einzeln stehend und mit Rhizom oder Ausläufer bildend und rasig. Die Blätter sind sehr variabel, die Blüten entstehen an aufrechten oder niederliegenden Blütenständen und sind dreizählig.

Kleines Papageienblatt
Alternanthera reineckii BRIQUET
Amaranthaceae

VERBREITUNG Südamerika.
MERKMALE Aufrechte Stängelpflanze. Blätter sitzend oder kurz gestielt, bis 7,5 cm lang und 1,5 cm breit. Blattränder je nach Form glatt oder gewellt. Die Art ist sehr variabel und kommt in verschiedenen Formen mit unterschiedlicher Blattfärbung vor. Besonders attraktiv sind Formen mit tiefroter, weinroter und lilaroter Blattfärbung.
KULTUR Relativ anspruchslos, 18–25 °C, Beleuchtung > 0,7 W/l, pH leicht sauer bis neutral, Wasserhärte bis KH 15°, CO_2-Düngung empfehlenswert.
VERWENDUNG Gruppenpflanze der vorderen und mittleren Beckenpartien.
VERMEHRUNG Sprossteilung und/oder Meristemkultur.

Große Cognacpflanze
Ammannia gracilis
GUILLEMIN & PERROTTET
Lythraceae

VERBREITUNG Senegal, Gambia.
MERKMALE Aufrechte Stängelpflanze. Blätter bis 6 cm lang und etwa 1,5 cm breit. Blattoberseite oliv bis kräftig braunorange gefärbt, Blattunterseite lilarot. Je stärker die Beleuchtung ist, desto kräftiger werden die Farben.
KULTUR Anspruchsvolle Aquarienpflanze, 24 bis 28 °C, Beleuchtung > 0,7 W/l. Kohlendioxiddüngung in härterem Wasser zwingend, in weichem Wasser hilfreich. Haltbar bis KH 18°, pH-Wert leicht sauer bis neutral. Auf eine ausreichende Nährstoffversorgung sollte geachtet werden. Lehmhaltiger Bodengrund ist wichtig.
VERWENDUNG Kontrastpflanze vor hellgrünen Arten wie Hygrophila, aber auch Limnophila-Arten. Auf Grund ihrer Größe sollte die Art in Aquarien mit Kantenlängen über 100 cm und mindestens 40 cm Wasserstand gepflegt werden. Gruppen von 5 Stängeln und mehr kommen auf starken Punkten der mittleren Aquarienpartien besonders zur Geltung.
VERMEHRUNG Sprossteilung und/oder Meristemkultur.

Kleine Cognacpflanze
Ammannia senegalensis LAMARCK
Lythraceae

VERBREITUNG Senegal, Gambia, Abessinien, nördlich bis Oberägypten, südlich bis Südafrika.
MERKMALE Die Art unterscheidet sich von *Ammannia gracilis* durch insgesamt kleineren Wuchs. Blattränder erscheinen nach unten eingerollt, wodurch die Blattfläche gewölbt wirkt. Diese Erscheinung ist nicht durch Nährstoffmangel bedingt, sondern der Art immanent.
KULTUR Entspricht im Wesentlichen den Ansprüchen von *Ammannia gracilis.*
VERWENDUNG Hauptsächlich findet die Pflanze als Kontrast zu hellgrünen Arten Verwendung. Sie ist auch für kleinere Aquarien geeignet.
VERMEHRUNG Sprossteilung und/oder Meristemkultur.

Afzelius` Speerblatt
Anubias afzelii SCHOTT
Araceae

VERBREITUNG Tropisches Westafrika.
MERKMALE Die Art ist eine kräftige, robuste Sumpfpflanze, die längerfristig Überflutung erträgt. Sie kann allerdings über 1 m hoch werden und trägt dann an 70 cm langen Stielen ihre ledrigen, elliptischen Blätter. Im Aquarium längere Zeit haltbar, später herauswachsend, dann auch blühend.
KULTUR Um 25 °C, mäßige Beleuchtung. Keine besonderen Ansprüche an die Wasserbeschaffenheit.
VERWENDUNG Harte Art für Buntbarschaquarien, lässt sich aber auch als Solitärpflanze im Pflanzenaquarium verwenden.
VERMEHRUNG Durch Rhizomteilung.

Barters Speerblatt

Anubias barteri var. barteri SCHOTT
Araceae

VERBREITUNG Tropisches Westafrika.
MERKMALE Bis 40 cm hoch werdende Sumpfpflanze mit 15 x 7 cm großen, lang gestielten Blattspreiten. Die Beschaffenheit der Blätter ist ledrig, zwischen den Nerven buckelig gewölbt und zum Blattrand hin gewellt.
KULTUR Siehe *A. afzelii*.
VERWENDUNG Hintergrundpflanze zum Bewuchs von Wurzeln und Steinen. Gut für offene Aquarien geeignet. Über Wasser wirken die dunkelgrün glänzenden Blätter sehr dekorativ. Über Wasser kommt die Pflanze auch regelmäßig zur Blüte.
VERMEHRUNG Durch Rhizomteilung.

Zwergspeerblatt

Anubias barteri nana CRUSIO
Araceae

VERBREITUNG Tropisches Westafrika.
MERKMALE Kleine, bis 20 cm hoch werdende Speerblattart. Die Blätter sind mittelgrün, glänzend, leicht strukturiert. Ungestört bilden sich in relativ kurzer Zeit dichte Speerblattmatten.
KULTUR Siehe *A. afzelii*.
VERWENDUNG Sehr gut zum Begrünen von Vordergrund, Moorkienholz und Seitenverkleidung geeignet. Sehr ausdauernde Pflanze. Auf für Buntbarschaquarien und Paludarien gut geeignet.
VERMEHRUNG Durch Rhizomteilung.

Coffeeifolia
Anubias barteri
Araceae

VERBREITUNG Tropisches Westafrika. merkmale Die wohl schönste Form der aquaristisch verwendeten Speerblätter. Etwa so groß werdend wie *Anubias barteri* var. *nana*. Die Blätter sind lackglänzend, dunkelgrün, im Austrieb olivgrün. Die Blattstruktur zwischen den Nerven ist etwas bullös, wodurch der Vergleich mit Blättern des Kaffeestrauches nahe liegt. Die Form bildet durch ihre Verzweigung der Rhizome bald dichte, oft nicht höher als 10 cm werdende Matten.
KULTUR Anspruchslose Pflanzen. Siehe auch *Anubias afzelii*.
VERWENDUNG Sehr gut zum Begrünen von Vordergrund, aber auch Moorkienholz und Seitenverkleidung geeignet.
VERMEHRUNG Durch Rhizomteilung.

Dreieckiges Speerblatt
Anubias gracilis HUTCHINSON
Araceae

VERBREITUNG Tropisches Westafrika.
MERKMALE Große, bis 80 cm hoch werdende Sumpfpflanze, die auffällig dreieckige Blattspreiten hat. Als Jungpflanze scheinbar gut für die Aquaristik geeignet und deshalb häufig angeboten. Im Aquarium lange sehr zögerliches Wachstum. Eigentlich aber nur für offene Aquarien oder große Paludarien verwendbar.
KULTUR Siehe *A.afzelii*.
VERWENDUNG Solitärart für offene Aquarien oder Paludarien. Eine dauerhaft submerse Kultur führt erfahrungsgemäß meist zu Kümmerwuchs.
VERMEHRUNG Durch Rhizomteilung.

Boivins Wasserähre

Aponogeton boivinianus JUMELLE
Aponogetonaceae

VERBREITUNG Madagaskar.
MERKMALE Große Wasserpflanze mit knollenförmigem Rhizom. Die flaschengrünen, durchscheinenden Blätter sind stark bullös und gewellt, bis 60 cm lang und 8 cm breit mit einem bis 25 cm langen Stiel. Der Blütenstand ist 2- bis 3-schenklig und weiß bis rosa gefärbt, bis 70 cm lang.
KULTUR Empfehlenswerte Wasserpflanze, die jedoch wegen ihrer Wuchsrhythmik besonderer Beachtung bedarf. 22 bis 25 °C und helle Beleuchtung sind erforderlich. Die Art kann Bikarbonate für die CO_2-Gewinnung nutzen.
VERWENDUNG Solitärpflanze für große, hohe Aquarien.
VERMEHRUNG Durch Samen, recht kompliziert.

Krause Wasserähre

Aponogeton crispus THUNBERG
Aponogetonaceae

VERBREITUNG Indien, Sri Lanka.
MERKMALE Wasserpflanze mit knolligem Rhizom. Sehr variable Art mit bis zu 50 cm langen und 4,5 cm breiten, etwa 10 cm gestielten, stark gewellten bis gekräuselten hellgrünen bis bräunlichen Blättern, je nach Sippe auch Schwimmblätter bildend, die aber nie lästig werden. Blütenstand einschenklig, weiß bis blass rosa.
KULTUR Einfach zu pflegende Art, meist ohne besonders ausgeprägte Wuchsrhythmik. 25–30 °C, weiches bis mittelhartes Wasser mit leicht saurem pH-Wert sind ideal. Mit CO_2-Zusatz lässt sich die Art aber auch in hartem Wasser pflegen.
VERWENDUNG Solitärpflanze der mittleren und hinteren Aquarienbereiche.
VERMEHRUNG Durch Samen, recht einfach.
ANMERKUNG Es gibt bereits einige Kreuzungen aus *A. crispus* und anderen Aponogeton-Arten mit guter Aquarieneignung.

Madagassische Wasserähre, Gitterpflanze

Aponogeton madagascariensis
H.W.E. VAN BRUGGEN
Aponogetonaceae

VERBREITUNG Madagaskar.
MERKMALE Wasserpflanze mit knolligem Rhizom. Die Blätter sind durch bis auf die Adern reduziertes Blattgewebe auffällig (Gitterpflanze). Es gibt verschiedene Formen der Gitterpflanze mit breiten oder schmalen Blättern und unterschiedlicher Gitterung. Der Blütenstand ist mehrschenklig, oft auffällig weiß, rosa oder tiefviolett gefärbt.
KULTUR Sehr schwierige Art, die kühles, bewegtes Wasser mit ausreichender Kohlendioxidsättigung benötigt. Beleuchtung > 0,4 W/l. Es ist bisher wenigen Spezialisten gelungen, die Pflanze über längere Zeit erfolgreich zu pflegen, noch seltener ist eine erfolgreiche Vermehrung über mehrere Generationen.
VERWENDUNG Solitär für optisch starke Punkte im Aquarium.
VERMEHRUNG Durch Samen, sehr schwierig.

Robinsons Wasserähre

Aponogeton robinsonii A.CAMUS
Aponogetonaceae

VERBREITUNG Zentral- und Südvietnam.
MERKMALE Wasserpflanze mit knollenförmigem Rhizom. Blätter bis 50 cm lang, transparent, meist dunkel-olivgrün, an den Rändern gewellt. Die Art bildet gelegentlich Schwimmblätter mit höchstens 20 cm langen, 4 cm breiten Spreiten, die jedoch nicht zu sehr stören. Interessant ist die zweischenklige, einseitswendige, eigenartig gebogene Ähre mit weißen Blüten.
KULTUR Einfache Kultur. Die Art stellt kaum Ansprüche an die Wasserbeschaffenheit. Nährstoffreicher Bodengrund und Wasserströmung sind wuchsfördernd.
22–28 °C, helle Beleuchtung.
VERWENDUNG Interessante Begleitpflanze hellgrüner Arten mit flächiger Wirkung.
VERMEHRUNG Durch Samen. Relativ unkompliziert.

Gewellte Wasserähre

Aponogeton undulatus ROXBURGH
Aponogetonaceae

VERBREITUNG Südostasien, westliches Hinterindien.
MERKMALE Wasserpflanze mit fast rundem, knolligem Rhizom. Blattspreite bis 25 x 4 cm groß, bis 35 cm lang, gestielt. Blätter mittelgrün bis flaschengrün, transparent mit dunkleren, gleichfalls transparenten Feldern. Echte Blütenstände selten, einährig, weiß. An abgewandelten Blütenständen entstehen Adventivpflanzen mit Knollen und Blättern.
KULTUR Einfache Kultur, ohne besondere Ansprüche an die Wasserbeschaffenheit. 22–28 °C, helle Beleuchtung.
Lehmhaltiger Bodengrund ist Voraussetzung für kräftige Pflanzen.
VERWENDUNG Interessante Begleitpflanze hellgrüner Arten mit flächiger Wirkung.
VERMEHRUNG Durch Adventivpflanzen.

Großes Fettblatt

Bacopa caroliniana ROBINSON
Scrophulariaceae

VERBREITUNG Südliche und mittlere USA.
MERKMALE Aufrecht wachsende Stängelpflanze. Blätter stängelumfassend, kreuzgegenständig, bis 3 cm lang und 2 cm breit, ganzrandig. Die Pflanze ist insgesamt fleischig (Fettblatt). Bei Teichkultur im Freiland werden die Sprosse rotbraun. Die mittelblauen, selten weißen Rachenblüten entstehen einzeln, blattachselständig und nur über Wasser.
KULTUR Anspruchslose Aquarienpflanze. Wächst besser in weichem, gedeiht aber auch in mittelhartem Wasser, um 25 °C, pH-Wert um den Neutralpunkt, 0,4 bis 0,7 W/l. Bei intensiver Beleuchtung werden die Sprosse olivgrün bis bräunlich.
VERWENDUNG Gruppenpflanze für die mittleren Beckenpartien. Wirkt etwas steif. Um die hübschen Sprossspitzen zu sehen, ist stufiger Aufbau der Gruppen ratsam.
VERMEHRUNG Sprossteilung und/oder Meristemkultur.

Langblättrige Barclaya
Barclaya longifolia WALLICH
Nympheaceae

VERBREITUNG Tropisches Südostasien.
MERKMALE Wasserpflanze mit knolligem bis walzlichem Rhizom. Blätter grundständig, bis 20 cm gestielt. Spreiten länglich, bis 30 cm lang und meist bis 5 cm breit, basal herzförmig, an der Spitze spießförmig zugespitzt, weich. Besonders kräftige Pflanzen entstehen auf lehmigem Substrat. Es sind eine rotbraune und eine grüne Form in Kultur. Die Blattoberseite der grünen Form ist olivgrün, die Unterseite hellviolett bis weinrot gefärbt. Bei der roten Form sind die Blattoberseiten rötlich. Die Blüten blühen in aufgetauchtem Zustand und unter Wasser. Samenansatz durch Selbstbestäubung und Kleistogamie. Die kugeligen Samen keimen leicht. Aufzucht mühsam, aber nicht kompliziert.
KULTUR Weiches bis mittelhartes, leicht saures Wasser. Kohlendioxidzusatz empfehlenswert, mindestens 25 °C, Beleuchtung 0,5–0,7 W/l, Lehmzusatz im Bodengrund ratsam.
VERWENDUNG Die Art bildet wunderbare, vielblättrige Solitärbüsche vor hellgrünen Pflanzen wie *Limnophila-* oder *Hygrophila-*Arten. Relativ hoher Platzbedarf.
VERMEHRUNG Verzweigung durch Austrieb ruhender Knospen.

Auberts Fadenkraut
Blyxa aubertii L.C.RICHARD
Hydrocharitaceae

VERBREITUNG Indien bis Japan, Australien, Madagaskar, Tansania, Neophyt in Louisiana.
MERKMALE Rosettenpflanze mit kurzer, aufrechter Sprossachse. Blätter linealisch zugespitzt, bis 60 cm lang und etwa 5 mm breit. Färbung der Blätter hellgrün, olivgrün bis bronzefarben.
KULTUR Weiches, leicht saures Wasser bringt große attraktive Pflanzen. Helle Beleuchtung ab 0,6 W/l lässt die Pflanzen schön bronzefarben werden. Pflegetemperatur 20 bis 28 °C. CO_2-Zusatz und nährstoffreicher Bodengrund wirken sich günstig aus. Die Art ist im Aquarium sehr kurzlebig, vermehrt sich aber durch die reichlich gebildeten Samen. Aussaat auf feuchtem Substrat, zuweilen Selbstaussaat.
VERWENDUNG Jungpflanzen können eine Zeit lang als Gruppe im Aquarienvordergrund verwendet werden. Adulte Exemplare sind dekorative Solitärpflanzen für die mittleren Aquarienpartien.
VERMEHRUNG Durch Aussaat.

Afrikanischer Flussfarn, Kongo-Wasserfarn

Bolbitis heudelotii, ALSTON
Lomariopsidaceae

VERBREITUNG Tropisches Afrika.
MERKMALE Amphibischer Farn mit bis 1 cm dicker, kriechender, schuppiger, auf Wurzeln und Steinen fest verankerter Sprossachse. Submerse Blätter gefiedert, an den Rändern grob gezähnt, flaschengrün, transparent. Emerse Blätter doppelt gefiedert, dunkelgrün, zäh und hart.
KULTUR Bevorzugt weiches, leicht saures Wasser, 20 bis 28 °C, gedeiht auch in mittelhartem Wasser, wenn ausreichend Kohlendioxid zugeführt wird, strömungsreiches Wasser in Nähe des Filterrücklaufes günstig, wächst in offenen Aquarien aus dem Wasser hinaus und bildet herrlich dichte Pflanzenbüsche.
VERWENDUNG Gut geeignet zum Bewachsen von Steinen, Wurzeln oder Aquarien-Innenwandverkleidungen. Wegen seiner dunkelgrünen, transparenten Färbung gute Kontrastpflanze.
VERMEHRUNG Durch Sprossteilung.

Carolina-Haarnixe

Cabomba caroliniana A.GRAY
Cabombaceae

VERBREITUNG Östliche USA, südöstliches Südamerika.
MERKMALE Aufrecht wachsende Stängelpflanze, bei Erreichen der Wasseroberfläche flutend weiterwachsend. Gegenständige, handförmig gefiederte, gestielte Blätter. Die Art wird gegenwärtig in drei Varietäten und eine Sorte unterteilt. Die einzelnen Blattsegmente sind bei der Sorte „Silbergrün" in sich gedreht, sodass die hellere Blattunterseite mehrfach oben liegt und ein silbriger Eindruck entsteht. Blühende Sprossabschnitte terminal mit wenigen Schwimmblättern. Blütenkrone weiß. Der oberste Seitenspross wird zum Fortsetzungsspross und kann seinerseits erneut zum Blühen übergehen.
KULTUR Die Art und auch die Sorten bevorzugen weiches, leicht saures Wasser, kommen auch mit mittelhartem Wasser noch zurecht. 20 bis 25 °C. Helle Beleuchtung bringt Pflanzen mit kurzen Internodien, wodurch das Erscheinungsbild der Pflanzen verbessert wird. Cabomba-Arten sind recht pflegeintensiv, da häufiges Einkürzen erforderlich wird.
VERWENDUNG Gruppenpflanze für die mittleren und hinteren Aquarienbereiche. Kontrast für hellgrüne und farbige Arten.
VERMEHRUNG Sprossteilung.

Mexikanische Haarnixe

Cabomba palaeformis FASSETT
Cabombaceae

VERBREITUNG Mittelamerika.
MERKMALE Aufrecht wachsende Stängelpflanze, bei Erreichen der Wasseroberfläche flutend weiterwachsend. Gegenständige, handförmig gefiederte, gestielte Blätter. Es gibt eine grünblättrige und eine braune Farbform. Die Blattsegmente sind feiner als bei der vorgenannten Art.
KULTUR Unkomplizierte Kultur. Es wird problemlos mittelhartes bis hartes Wasser auch ohne Kohlendioxidzusatz toleriert. Beide Formen wachsen im Gegensatz zu fast allen anderen *Cabomba*-Arten auch unter HQL-Beleuchtung zufriedenstellend. 18 bis 25 °C. Nahrhafter Bodengrund ist wuchsfördernd.
VERWENDUNG Durch den buschigen Wuchs der filigranen Pflanzen überall als Kontrastpflanze zu Arten mit flächigen Blättern einsetzbar. Besonders attraktiv wirkt die braune Form, da sie durch Bestockung besonders dichte Büsche bildet.
VERMEHRUNG Sprossteilung.

Echter Seeball

Cladophora aegagrophila L.
Cladophoraceae

VERBREITUNG Mittel- und Osteuropa, Ostasien.
MERKMALE Grünalgenform, die auf Grund der radiären Anordnung ihrer stark verzweigten Zellaggregationen kompakte ball- oder mattenförmige Gebilde (Thalli) bildet.
KULTUR Die Kultur ist recht einfach. Die Wasserhärte ist im aquarienüblichen Bereich ohne Bedeutung, der pH-Wert sollte im alkalischen Bereich liegen. Die Temperatur kann, der Herkunft gemäß, um oder kurz unter 20 °C liegen. Je nach Lichteinfall und in Abhängigkeit von der Assimilationsleistung können die Algenbälle in unterschiedliche Höhe im Aquarium aufsteigen, liegen aber eigentlich am Boden. Mulmanreicherungen lassen sich leicht ausspülen.
VERWENDUNG Kuriosum ohne besonderen gestalterischen Wert.

Dauerwellen-Hakenlilie

Crinum calamistratum
BOGNER & HEINE
Amaryllidaceae

VERBREITUNG Westkamerun.
MERKMALE Attraktive Wasserpflanze, Rosettenpflanze mit einer kleinen, länglichen Zwiebel. Die hell- bis flaschengrünen Blätter sind mit 0,5 cm sehr schmal und bis 200 cm lang. Mittelrippe deutlich hervorgehoben. Die Blattränder sind extrem dicht gekräuselt. Der Blütenstand wird über den Wasserspiegel hinaus gehoben. In einer endständigen Dolde entfalten sich bis zu drei stark duftende Blüten. Unter Aquarienbedingungen seltenes Blühen.
KULTUR Anspruchslose Art. Temperaturen bis 28 °C, weiches bis mittelhartes Wasser, pH-Wert um 7, Beleuchtung ab 0,4 W/l. Bei fehlendem freien CO_2 ist die Art zur Bikarbonatassimilation befähigt. Die so entstehenden Kalkkrusten lassen sich schwer entfernen.
verwendung Solitär vor flächigen Blattstrukturen. Sehr gut geeignet für höhere Aquarien. Die größer werdenden Arten *Crinum natans* Baker, die Flutende Hakenlilie und *Crinum thaianum* J. Schulze, die Thailändische Hakenlilie, sind in ihren Ansprüchen ähnlich, benötigen aber größere Aquarien ab 150 cm Kantenlänge. Wer die Möglichkeit hat, sollte zumindest die Flutende Hakenlilie einmal pflegen, da sie herrlich blüht.
VERMEHRUNG Tochterzwiebeln.

Aponogetonblättriger Wasserkelch

Cryptocoryne aponogetifolia MERRILL
Araceae

VERBREITUNG Philippinen.
MERKMALE Reine Wasserpflanze mit immensen Ausmaßen. Die in Stiel und Spreite geteilten Blätter werden über 100 cm lang und bis 4 cm breit, sind stark bullös und schwimmen auch in höheren Aquarien bald auf der Wasseroberfläche. Sehr wüchsig und schwer beherrschbar.
KULTUR Die Art wächst unproblematisch auch in härterem Wasser und ist hier befähigt, Bicarbonate zu spalten, um CO_2 zu gewinnen. 21 bis 28 °C, der Lichtbedarf ist eher mäßig, doch wird auch Starklicht von der Pflanze vertragen.
VERWENDUNG Gut geeignet nur für große Aquarien mit Großcichliden und ähnlich robusten Arten. Für kleine und mittlere Becken abzulehnen.
VERMEHRUNG Durch intensive Ausläuferbildung.

Grasartiger Wasserkelch
Cryptocoryne crispatula ENGLER
Araceae

ANMERKUNG Nach Jacobsen (1991) eine Art mit 7 Varietäten. Ich möchte hier nur die *var. balansea* (*Cryptocoryne balansea Gagnep.*) als am weitesten verbreitet erwähnen.
VERBREITUNG Hinterindien bis Südchina.
MERKMALE Mittelgroße bis große Aquarienpflanze mit gewellten bis stark bullösen Blättern. Bis 70 cm hoch, deutlich in Spreite (bis 45 cm) und Stiel gegliedert. Sehr farbpolymorphe Sippe.
KULTUR Auch diese Pflanzen sind für die Pflege in mittelhartem Wasser sehr gut geeignet. Ob dies aber für alle Farbvarianten gleichermaßen gilt, sei dahingestellt
VERWENDUNG Nur für höhere und größere Aquarien zu empfehlen. Besser beherrschbar als *C. aponogetifolia*.
VERMEHRUNG Durch intensive Ausläuferbildung.

Herzblättriger Wasserkelch, rosanervig
Cryptocoryne cordata GRIFFITH
Araceae

VERBREITUNG Hauptsächlich Malaiische Halbinsel.
MERKMALE Die Art an sich ist bereits sehr polymorph. Die Sorte „Rosanervig“ wurde in einer Pflanzenlieferung gefunden. Die Ursache der Rosanervigkeit ist nicht eindeutig geklärt.
MERKMALE Sehr große, bis 60 cm hoch werdende Art. Blattspreiten bis 19 x 10 cm groß, bei der Sorte schmaler. Die Blattnervatur ist weißlich bis kräftig rosa gefärbt. Nach eigenen Erfahrungen sind die Auslösefaktoren der Färbung nicht reproduzierbar. Auch die Ursachen sind nicht zweifelsfrei geklärt.
KULTUR Relativ einfach zu haltende Pflanze mit bescheidenen Pflegeansprüchen. Weiches bis mittelhartes Wasser, um 25 °C. Kohlendioxid-Zusatz ist förderlich, aber nicht zwingend. Die Lichtansprüche sind mäßig. Weniger Licht ergibt deutlich größere Pflanzen. Die Pflanze sollte ungestört wachsen können. Nahrhafter Bodengrund erforderlich.
VERWENDUNG Gruppenpflanze der hinteren und seitlichen Aquarienbereiche.
VERMEHRUNG Durch Ausläuferbildung.

Hudoros Wasserkelch

Cryptocoryne hudoroi
BOGNER & JACOBSON
Araceae

VERBREITUNG Borneo.
MERKMALE Bis 50 cm hohe Art mit deutlich in Stiel und Spreite gegliedertem Blatt. Stark bullöse Struktur, gewellter Blattrand, mittelgrüne Färbung, teils ins Bräunliche wechselnd. Eine der schönsten Arten, die in den letzten Jahren importiert wurden.
KULTUR Sehr temperaturtolerant (18–28 °C). Weiches bis mittelhartes Wasser und ein pH-Wert um 7. Bei heller Beleuchtung entstehen gedrungene, prächtige Pflanzen. Die Art gedeiht aber auch bei mäßigem Licht. Der Bodengrund sollte nährstoffreich sein.
VERWENDUNG Gut geeignet für den Aquarienmittelgrund und zur Seitenbepflanzung.
VERMEHRUNG Durch Ausläuferbildung.

Kees Wasserkelch

Cryptocoryne keei JACOBSON
Araceae

VERBREITUNG Borneo.
MERKMALE Schöne, klein bleibende Art, die im Aquarium nur etwa 20 cm hoch wird. Die stark bullösen, etwa 25 cm langen Blätter besitzen Spreiten von höchstens 12,5 x 4 cm Größe. Die Färbung erinnert an gehämmertes Kupfer, wobei die erhabenen Teile des Blattes eine patinagrüne Färbung annehmen. Der Blattrand ist fein gewellt.
KULTUR Sehr temperaturtolerant (18–28 °C). Weiches bis mittelhartes Wasser und ein pH-Wert um 7. Helle Beleuchtung ist wichtiger als bei der vorgenannten Art. Der Bodengrund sollte nährstoffreich sein. Obwohl die Kultur anfangs recht einfach erscheint, habe ich nach über 12 Jahren ununterbrochener Kultur einen Totalverlust der Pflanze ohne erkennbare Ursache hinnehmen müssen.
VERWENDUNG Sehr schöne Kontrastpflanze, für die mittleren und vorderen Aquarienbereiche geeignet.
VERMEHRUNG Durch Ausläuferbildung.

Willis Wasserkelch
Cryptocoryne x willisii REITZ
Araceae

VERBREITUNG Sri Lanka.
MERKMALE Bis 15 cm hoch werdende, mit der Zeit dichte Polster bildende Art. Blätter bis 10 cm lang gestielt, schmal eiformig bis lanzettlich, 12 cm x 1,5 cm (selten breiter) groß, hellgrün.
KULTUR Die Pflanze hat eine große Toleranzamplitude, deshalb sehr unkomplizierte Kultur, allerdings recht langsam wüchsig. Wirklich dichte Polster erreicht man nur mit viel Geduld.
VERWENDUNG Ausgezeichnete Vordergrundpflanze, die auf Grund der Haltbarkeit ihrer Blätter und der Dichte ihrer Bestände einen sehr dekorativen Vordergrund bildet.
VERMEHRUNG Durch Ausläuferbildung.

Möhlmanns Wasserkelch
Cryptocoryne moehlmannii DE WIT
Araceae

VERBREITUNG Westsumatra.
MERKMALE Eine nahezu universell einsetzbare Pflanze mit schmal elliptisch bis einförmigen, lang gestielten, maximal 15 cm x 7 cm breiten, hellgrünen, selten bis purpur- olivgrünen Blattspreiten. Leicht mit *C. pontederiifolia* zu verwechseln. Sehr schöne Art.
KULTUR Anspruchslos mit breiter Toleranzamplitude. 18 bis 28 °C, leicht saurer bis leicht basischer pH-Wert, weiches bis mittelhartes Wasser. Günstig ist eine hellere Beleuchtung, da hier die Pflanzen gedrungener bleiben.
VERWENDUNG Nahezu überall im Aquarium verwendbar.
VERMEHRUNG Durch intensive Ausläuferbildung.

Amerikanischer Bachburgel, Wasserhecke

Didiplis diandra
(DE CANDOLLE) WOOD
Lythraceae

VERBREITUNG Östliches Nordamerika.
MERKMALE Stängelpflanze. Die Blätter sind bis 12 mm lang, bis maximal 1 mm breit und von nadeliger Struktur. Je nach Aquarienhöhe und Beleuchtung bis 40 cm hoch. Die Blattfarbe reicht je nach Belichtungsintensität von hellgrün über dunkelgrün bis zu orangerot. Durch basale Verzweigung dichte Büsche bildend.
KULTUR 0,6 bis 0,8 W/l, auch HQI- Beleuchtung ist gut geeignet, dadurch wird buschiger Wuchs erzeugt. Starke Beleuchtung hat eine intensiv orangerote Färbung der oberen Sprossteile zur Folge. Das Temperaturoptimum liegt bei ca. 20 bis 26 °C. Kurzzeitig, besonders bei Kohlendioxidzusatz, werden auch höhere Temperaturen vertragen, pH-Wert um 7.
VERWENDUNG In Aquarien bis zu 50 cm Länge gut als Mittel- oder Hintergrundpflanze geeignet. In großen Becken wird die Art gern zur polsterartigen Begrünung des Vordergrundes und der mittleren Beckenpartien verwendet. Kontrastpflanze zu hellgrünen Arten. Das Wasser sollte klar ohne Trübstoffe sein.
VERMEHRUNG Sprossteilung.

Wendts Wasserkelch

Cryptocoryne wendtii DE WIT
Araceae

VERBREITUNG Sri Lanka.
MERKMALE Bis höchstens 30 cm hoch werdende Art mit schmal lanzettlich bis schmal eiförmigen Blattspreiten zwischen 5 cm und 25 cm Länge und 1 cm bis 4,5 cm Breite. Auch Wellung und Farbe sind sehr variabel.
KULTUR Eine der hinsichtlich aller Pflegeparameter am leichtesten zu kultivierenden Arten mit breiter Anpassungsamplitude. Für fast jedes Aquarium geeignet.
VERWENDUNG Je nach Wuchsform für alle Bereiche des Aquariums verwendbar.
VERMEHRUNG Durch intensive Ausläuferbildung.
ANMERKUNG Sehr polymorphe Art, die in unterschiedlichen Farb- und Formenvarianten vorkommt. Durch die von ausgesuchten Einzelpflanzen erzeugten Klone gibt es zur Zeit eine sehr breite Formenpalette der Art.

Bolivianische Schwertpflanze
Echinodorus bolivianus (RUSBY) HOLM-NIELSEN
Alismataceae

VERBREITUNG Weit verbreitet in Südamerika.
MERKMALE Ausläufer bildende, rasig wachsende Rosettenpflanze. Bis 10 cm hoch, bis 7 mm breit, kurz gestielt, lanzettlich.
KULTUR 20–28 °C, ab 0,4 W/l, hinsichtlich Wasserhärte und pH-Wert tolerant. Kommt auch in gewaschenem Kies zurecht.
VERWENDUNG Je nach Aquariengröße für Vorder- oder Mittelgrundrasen.
VERMEHRUNG Durch Abtrennen von Ausläuferpflanzen.

Zwergschwertpflanze
Echinodorus quadricostatus FASSETT
Alismataceae

VERBREITUNG Mittel- und Südamerika.
MERKMALE Wie *Echinodorus bolivianus.* Unter Wasser schwer von dieser vorgenannten Art zu unterscheiden.
KULTUR Wie *Echinodorus bolivianus.*
VERWENDUNG Je nach Aquariengröße für Vorder- oder Mittelgrundrasen. Die Art ist intensiv Ausläufer bildend und bewächst innerhalb kürzester Zeit große Flächen.
VERMEHRUNG Durch Abtrennen von Ausläuferpflanzen.

Grasartige Schwertpflanze
Echinodorus tenellus
Alismataceae

VERBREITUNG Weit verbreitet im Verbreitungsgebiet der Gattung.
MERKMALE Kleinste Art der Ausläufer bildenden Echinodorus-Arten. Unterwasserblätter schmal linealisch bis 10 cm lang und 3 mm breit.
KULTUR 18 bis 28 °C, Beleuchtung hell, ab 0,6 W/l, hinsichtlich Wasserhärte und pH-Wert tolerant, wächst sehr gut in härterem Wasser. Mulmempfindlich.
VERWENDUNG Flächiger, rasenartiger Bewuchs im Aquarienvordergrund.
VERMEHRUNG Durch Abtrennen von Ausläuferpflanzen.

Blehers Schwertpflanze
Echinodorus bleheri RATAJ
Alismataceae

VERBREITUNG Nicht bekannt.
MERKMALE Mittelgroße, rosettig wachsende Art mit bis zu 60 cm langen, etwas gebogenen Blattspreiten. Blattstiele deutlich kantig.
KULTUR: Einfach zu haltende Art mit dekorativem Wuchs. 22 bis 28 °C, hinsichtlich Wasserhärte und pH-Wert tolerant, helle Beleuchtung vorteilhaft.
VERWENDUNG Die Art bietet sich als Solitärpflanze für die mittleren und hinteren Aquarienbereiche an, lässt sich aber auch flächig als Hintergrundart verwenden.
VERMEHRUNG Durch Adventivpflanzen am Blütenstand.

Horizontale Schwertpflanze
Echinodorus horizontalis
(NEES & MAURITIUS) MACBRIDE
Alismataceae

VERBREITUNG Weit verbreitet in Südamerika.
MERKMALE Mittelgroße Art mit nahezu horizontal vom Blattstiel abgewinkelten, bis 25 cm langen und 15 cm breiten, herzförmigen Blattspreiten von fester Struktur. Die Pflanze wird nur wenig über 30 cm hoch, lädt aber stark in der Breite aus, hellgrün.
KULTUR Ein mäßig heller Standort ist ausreichend, 24 bis 28 °C, mittelhartes Wasser, pH-Wert um 7. Lehmhaltiger Bodengrund erforderlich.
VERWENDUNG Auffällige Solitärpflanze der mittleren Aquarienbereiche.
VERMEHRUNG Durch Adventivpflanzen am Blütenstand (wenig). Rhizomteilung.
ANMERKUNGEN Eine der wenigen Schatten verträglichen Arten der Gattung. Im Handel selten.

Gewellte Schwertpflanze
Echinodorus martii MICHELI
Alismataceae

VERBREITUNG Osten Brasiliens.
MERKMALE Sehr auffällige, dichtblättrige Rosettenpflanze mit gewellten, 40 cm langen und bis 10 cm breiten Blättern, bis 60 cm hoch. Hellgrün.
KULTUR Sehr heller Stand und 25 bis 28 °C, pH-Wert um 7, lehmhaltiger Bodengrund erforderlich. Sehr empfindlich gegen Nährstoffmangel.
VERWENDUNG Prächtige Solitärpflanze für die mittleren, hinteren und seitlichen Aquarienbereiche. Wegen der leuchtend hellgrünen Farbe gute Kontrastart.
VERMEHRUNG Durch Adventivpflanzen am Blütenstand, starke Seitentriebbildung durch Austrieb von Ruheknospen des Rhizoms.

Schwarze oder Kleinblütige Amazonaspflanze
Echinodorus parviflorus
Alismataceae

VERBREITUNG Nicht genau bekannt.
MERKMALE Mittelgroße, vielblättrige, maximal 40 cm hohe, meist kleiner bleibende Rosettenpflanze. Blätter durch dunkle Nervatur gekennzeichnet. Blütenstandsbildung auch submers.
KULTUR Sehr flexible Art ohne besondere Pflegeansprüche, mäßig helle Beleuchtung, nährstoffreicher Bodengrund.
VERWENDUNG Dekorative Kontrastart im Mittelgrund vor hellgrünen Arten, wie *Hygrophila* oder *Limnophila*.
VERMEHRUNG Durch Adventivpflanzen am Blütenstand. Blütenstände submers im Kurztag.
ANMERKUNGEN Es ist eine weitere, gedrungene Form mit leicht bullösen Blattspreiten als Sorte „Tropica“ im Handel. Sie ist möglicherweise auch als *Echinodorus mucronatus* im Handel.

Uruguay-Schwertpflanze
Echinodorus uruguayensis
Alismataceae

VERBREITUNG Mittleres Südamerika.
MERKMALE Sehr variabler Formenkreis, zu dem auch die sog. *Echinodorus horemannii* gehören. In der Natur dauerhaft unter Wasser wachsend mit je nach Form unterschiedlich gefärbten Blattspreiten, auch sehr unterschiedlicher Pflanzengröße.
KULTUR Mittelhartes Wasser und pH-Wert leicht sauer bis leicht basisch, sehr helle Beleuchtung über 0,6 W/l, jedoch kühle Hälterung um 22 °C lassen dekorative Pflanzen entstehen. Nährstoffreicher Bodengrund erforderlich.
VERWENDUNG Die großen Formen sollten in großen Aquarien kultiviert werden. Die neuen, kleinen Formen sind auch für mittlere Aquarien geeignet. Dekorative Solitäre in hohen Aquarien.
VERMEHRUNG Durch Adventivpflanzen am Blütenstand, Bildung von Seitentrieben am langen Rhizom.

Barth`s Schwertpflanze

Echinodorus x barthii MÜHLBERG
Alismataceae

VERBREITUNG Nicht bekannt.
MERKMALE Mittelgroße, bis 40 cm hoch werdende, sehr schön rot gefärbte Hybride nicht eindeutig geklärter Herkunft. Die hellgrünen Blattadern heben sich markant aus dem dunklen Blattgewebe hervor. Besonderes Merkmal ist neben der Wellung das Einrollen der Blätter zur Blattunterseite zu.
KULTUR Heller Standort, nährstoffreicher Bodengrund, Wasserhärte, Temperatur und pH-Wert sind von untergeordneter Bedeutung. CO_2-Düngung ergibt besonders kräftige Exemplare.
VERWENDUNG Schöne Kontrastpflanze der mittleren Beckenpartien.
VERMEHRUNG Durch Adventivpflanzen am Blütenstand, Austrieb von Ruheknospen am Rhizom.

Schlüters Schwertpflanze „Leopard“

Echinodorus schlueteri RATAJ
Alismataceae

VERBREITUNG Nicht bekannt.
MERKMALE Mittelgroße, etwa 25 cm hohe Art, Blätter deutlich in Stiel und Spreite gegliedert. Spreite bis 25 cm lang und bis 12 cm breit, zugespitzt. Deutlich braunrot gefleckt.
KULTUR Die Kultur ist einfach, Wasserhärte, Temperatur und pH-Wert sind von untergeordneter Bedeutung. Lehmhaltiger Bodengrund günstig.
VERWENDUNG Solitärpflanze in kleineren bis mittelgroßen Aquarien. In größeren Aquarien als Gruppe im Mittelgrund sehr dekorativ.
VERMEHRUNG Adventivpflanzen an den reichlich auch unter Wasser entstehenden Blütenständen.
ANMERKUNGEN Möglicherweise ein Mutationsergebnis der Art. Die Aussaaten fallen 100 % sortenecht.

Echinodorus „Deep Purple“
Alismataceae

VERBREITUNG Kulturhybride.
MERKMALE Relativ große, herrlich purpurrote Sorte. Bis 60 cm große, dichtblättrige Rosette. Blätter relativ kurz gestielt.
KULTUR Wasserhärte, Temperatur und pH-Wert sind von untergeordneter Bedeutung. Kühlere Hälterung bevorzugt. Sehr helle Beleuchtung ab 0,6 W/l bringt die rote Farbe zum Leuchten. Lehmhaltiger Bodengrund mit Eisenanteilen nötig.
VERWENDUNG Sehr schöne Kontrastpflanze der mittleren und hinteren Aquarienbereiche.
VERMEHRUNG Reichliche Blütenstandsbildung mit vielen Adventivpflanzen.

Echinodorus „Apart“
Alismataceae

VERBREITUNG Kulturhybride.
MERKMALE Mittelgroße, in die Breite wachsende Hybride aus *Echinodorus uruguayensis* (*E. horemannii* „Rot“) und *Echinodorus portoalegrensis*. Die Blätter sind ledrig dunkelolivgrün bis flaschengrün, etwa 6 cm gestielt, schmal elliptisch.
KULTUR Sehr temperaturtolerant, optimal jedoch um 22 °C, Beleuchtung ab 0,5 W/l. Lehmzusatz fördert den Wuchs, Wasserhärte und pH-Wert sind von untergeordneter Bedeutung.
VERWENDUNG Prächtige Kontrastpflanze für den Aquarienmittelgrund.
VERMEHRUNG Vorrangig Austrieb von Ruheknospen am Rhizom.

Echinodorus „Regine Hildebrandt"
Alisamataceae

VERBREITUNG Kulturhybride.
MERKMALE Die Sorte ist eine Kreuzung aus *Echinodorus* „Ozelot" sowie einer Hybride aus *E. parviflorus*, *E. barthii* und *E. uruguayensis* (*horemannii* „Rot"). Kleine bis mittelgroße, etwa 20–25 cm hohe Sorte mit deutlich in Stiel und Spreite geteilten, leicht seitlich abgewinkelten, etwa 21 cm x 4,5 cm großen Blättern. Bei intensiver Beleuchtung ist die gesamte Pflanze herrlich gefärbt. Die Frischaustriebe sind tief samtig rot, vergrünen aber mit der Zeit. Die Blattnerven bleiben rot.
KULTUR Etwas schwächer wachsende Sorte, die etwas mehr Beachtung, vor allem eine starke Beleuchtung benötigt. Der Bodengrund muss ausreichend Nährstoffe, am günstigsten Lehm enthalten. Wasserhärte und pH-Wert von untergeordneter Bedeutung, 22 bis 26 °C.
VERWENDUNG Attraktive Kontrastpflanze der vorderen Aquarienbereiche.
VERMEHRUNG Adventivpflanzen am Blütenstand.

Echinodorus „Tanzende Feuerfeder"
Alismataceae

VERBREITUNG Kulturhybride.
MERKMALE Die Sorte ist eine Kreuzung von *E.* „Red Flame" x (*E. barthii* x *E. parviflorus*). Die bis 15 cm lang gestielten, schmal elliptischen Blattspreiten erreichen 20 cm x 5 cm Größe. Herzblätter rötlich gefärbt mit ungewöhnlicher, feiner, an eine Feder erinnernder Zeichnung, später vergrünend.
KULTUR Recht stark wachsende Sorte, die eine helle Beleuchtung benötigt. Der Bodengrund muss ausreichend Nährstoffe, am günstigsten Lehm enthalten. Wasserhärte und pH-Wert von untergeordneter Bedeutung, 22 bis 26 °C.
VERWENDUNG Solitärpflanze für mittelgroße Aquarien.
VERMEHRUNG Adventivpflanzen am Blütenstand.

Echinodorus „Lothario“
Alismataceae

VERBREITUNG Kulturhybride.
MERKMALE Die Sorte stammt aus der Kreuzung von (*Echinodorus x barthii* x *Echinodorus parviflorus*) x Echinodorus *„Ozelot“* aus der auch „Frans Stoffels“ hervorgegangen ist. Recht groß werdende Hybride mit rotem Herzblatt, später vergrünend. Blattstiel bis 20 cm lang, Blattspreite 2 x 14 cm groß. Blattbasis herzförmig, Spitze stumpf bis eingebuchtet.
KULTUR Recht stark wachsende, etwa 50 cm hoch werdende Sorte, die eine helle Beleuchtung benötigt. Der Bodengrund muss ausreichend Nährstoffe, am günstigsten Lehm enthalten. Wasserhärte und pH-Wert von untergeordneter Bedeutung, 22 bis 26 °C.
VERWENDUNG Solitärpflanze der mittleren Beckenpartien.
VERMEHRUNG Adventivpflanzen am Blütenstand.

Echinodorus „Frans Stoffels“
Alismataceae

VERBREITUNG Kulturhybride.
MERKMALE Die Sorte ist eine Kreuzung von (*Echinodorus barthii* x *Echinodorus parviflorus*) x Echinodorus „Ozelot“. Mittelgroße Aquarienpflanze mit 19 cm x 6,5 cm großen, unregelmäßig geflammten Blattspreiten mit gewellten Blatträndern. Herzblätter kräftig rot gezeichnet, zunehmend vergrünend.
KULTUR Mittelstark wachsende Sorte, die eine starke Beleuchtung benötigt. Der Bodengrund muss ausreichend Nährstoffe, am günstigsten Lehm enthalten. Wasserhärte und pH-Wert von untergeordneter Bedeutung, 22 bis 26 °C.
VERWENDUNG Prächtige Pflanze für den Aquarienmittelgrund.
VERMEHRUNG Adventivpflanzen am unverzweigten, etwa 100 cm langen, aus bis zu 5 Quirlen aufgebauten Blütenstand.

Echinodorus „Digital Art“
Alismataceae

VERBREITUNG Kulturhybride.
MERKMALE Entstand als Kreuzungsprodukt aus (*E.* „Kleiner Bär“ x *E.* „Kleiner Bär“) x *E.* „Kleiner Bär“. Die 6–8 cm lang gestielten Blattspreiten sind eiförmig, bis zu 10 cm lang und ca. 5–6 cm breit. Blattbasis herzförmig, Blattspitze stumpf zugespitzt. Die 5 Blattnerven treten auf der Blattunterseite deutlich hervor. Der Mittelnerv ist an der Basis der Blattspreite intensiv rot gefärbt, zur Blattspitze hin verblassend. Die gesamte Blattspreite ist geometrisch rot gemustert, die Zeichnungsdichte nimmt vom Mittelnerv zum Blattrand ab. Der Austrieb ist rötlich, später vergrünend, Zeichnung immer vorhanden.
KULTUR Mittelstark wachsende Sorte, starke Beleuchtung nötig. Der Bodengrund muss ausreichend Nährstoffe, am besten Lehm enthalten. Wasserhärte und pH-Wert von untergeordneter Bedeutung, 22 bis 26 °C.
VERWENDUNG Solitär- und Kontrastpflanze für den Aquarienmittelgrund.
VERMEHRUNG Adventivpflanzen am Blütenstand.

Echinodorus „Red Devil“
Alismataceae

VERBREITUNG Kulturhybride.
MERKMALE Kreuzung aus *Echinodorus uruguayensis* x Echinodorus „Red Flame“. Schmal lanzettliche, etwa 20 cm lange Spreiten, die bis 5 cm breit werden. Der leicht gewellte Blattrand ist etwas nach rückwärts gebogen (vergleiche *E. x barthii*). Herzblätter tiefrot gefärbt, später vergrünend, Blattränder mehr oder minder rot gesäumt. Sehr farbige Sorte. Blattstiel unter 10 cm Länge.
KULTUR Stark wachsende Sorte, die eine starke Beleuchtung benötigt. Der Bodengrund muss ausreichend Nährstoffe, am günstigsten Lehm enthalten. Wasserhärte und pH-Wert von untergeordneter Bedeutung, 22 bis 26 °C.
VERWENDUNG Sehr attraktive Sorte für einen solitären Platz im Aquarium. Gute Kontrastpflanze zu dunkler grünen Pflanzen.
VERMEHRUNG Adventivpflanzen am Blütenstand.

Echinodorus „Paul Kloecker“
Alismataceae

VERBREITUNG Kulturhybride.
MERKMALE Die Sorte ist eine Hybride aus *E.* „Red Flame“ x *E.* „Kleiner Bär“. Kompakte, gleichmäßig weinrot bis rotbraun gefärbte, etwa 30 cm hohe Pflanze mit schmal elliptischen relativ kurz gestielten Blättern.
KULTUR Sehr helle Beleuchtung, 22 bis 28 °C, kräftiger, lehmhaltiger Bodengrund, Wasserhärte und pH-Wert von untergeordneter Bedeutung.
VERWENDUNG In mittleren Aquarien herrliche Kontrastpflanze vor hellgrünen Pflanzengruppen, wie *Limnophila aquatica*, oder *Lobelia cardinalis*.
VERMEHRUNG Adventivpflanzen am Blütenstand.

Echinodorus „Roter Oktober“
Alismataceae

VERBREITUNG Kulturhybride.
MERKMALE Kreuzung aus *Echinodorus* „Harbich Rot“ x „Indian Red“. Verkehrt lanzettliche bis schmal verkehrt eiförmige, etwa 12 cm lange Spreiten, die 6 bis 8 cm breit werden. Blattstiel 6 bis 7 cm lang. Die Nervatur tritt heller gefärbt deutlich hervor. Die insgesamt leuchtend rote Farbe der Pflanze wechselt bei älteren Blättern über rotbraun und braun zu dunkelgrün.
KULTUR Normal wachsende Sorte, die eine starke Beleuchtung benötigt. Der Bodengrund muss ausreichend Nährstoffe, am günstigsten Lehm enthalten. Eisendüngung vorteilhaft. Wasserhärte und pH-Wert von untergeordneter Bedeutung, 22 bis 27 °C.
VERWENDUNG Sehr attraktive Sorte für den Aquarienvordergrund und die mittleren Bereiche. Gute Kontrastpflanze zu hellgrünen Pflanzen.
VERMEHRUNG Adventivpflanzen am Blütenstand.

Echinodorus „Devil's Eye"
Alismataceae

VERBREITUNG Kulturhybride.
MERKMALE Auslese aus einer Kreuzung aus *Echinodorus* „Kleiner Bär" x „Kleiner Bär". Bis 23 cm lange Spreiten, die bis 7 cm breit werden. Blattstiel bis 18 cm lang. Spreite dunkelgrün, Blattrand mit rötlichem Saum, Hauptnerv und erstes Seitennervenpaar rot. Quervernetzungen rötlich.
KULTUR Stark wachsende Sorte, starke Beleuchtung nötit. Der Bodengrund muss ausreichend Nährstoffe, ambesten Lehm enthalten. Wasserhärte und pH-Wert von untergeordneter Bedeutung, 22 bis 26 °C.
VERWENDUNG Nur für die Rückwandbepflanzung von Aquarien zu empfehlen. In großen Aquarien als Solitärpflanze verwendbar.
VERMEHRUNG Adventivpflanzen am Blütenstand.

Azurblaue oder Dünnstielige Eichhornie
Eichhornia azurea
(SCHWARTZ) KUNTH
Pontederiaceae

VERBREITUNG Tropik und Subtropik Amerikas.
MERKMALE Im Boden wurzelnde, aufrecht wachsende, später flutende Stängelpflanze. Die Blätter sind zweizeilig, wechselständig, unter Wasser zuerst bandförmig, bis 25 cm lang, später löffelartig verbreitert. Im Aquarium selten blühend. Lichtbedürftig.
KULTUR Mittelhartes Wasser bis 20° KH tolerierend, hier für Kohlendioxidzusatz dankbar, pH-Wert schwach sauer bis schwach alkalisch, 15 bis 30 °C, auch abweichende Extremwerte ertragend, hinreichend Lehmanteil im Bodengrund förderlich, 0,6–0,8 W/l. Rechtzeitiges Einkürzen erspart viel Folgearbeit. Beginnen sich erst die löffelförmigen Überwasserblätter zu bilden, ist eine Verjüngung nur noch über den verbleibenden Stängelrest möglich. Der Gipfelspross bringt in der Regel keine bandförmigen Unterwasserblätter mehr.
VERWENDUNG Für solitären Standort geeignet. Bei richtiger Behandlung sehr dekorative, pflegeleichte Art.
VERMEHRUNG Sprossteilung.

Nadelsimse
Eleocharis acicularis
(L.) ROEM. ET SCHULT.
Cyperaceae

VERBREITUNG Gemäßigte und teilweise mediterrane Zonen fast der gesamten Erde.
MERKMALE Eine Rosettenpflanze mit Ausläufern. Sie wird am natürlichem Standort 10 bis 20 cm hoch. Im Aquarium ist eine Höhe von 30 cm keine Seltenheit. Die Blätter sind fadenförmig mit einem 3- bis 4-kantigen Querschnitt.
KULTUR pH 6,5 bis 9, temperaturverträglich bis 30 °C, Kohlendioxiddüngung wirkt sich positiv aus. Eisendüngung fördert Wuchs und Gesundheit. Helle Beleuchtung von mindestens 0,6 W/l. HQI- Beleuchtung wirkt sich günstig auf gedrungenen Wuchs aus.
VERWENDUNG In kleinen Aquarien gut als Mittelgrundpflanze geeignet. In großen Becken wird die Art gern zur rasenartigen Begrünung des Vordergrundes und der mittleren Beckenpartien verwendet. Fadenalgen können zum unüberwindlichen Problem werden. Neuerdings wird die Nadelsimse zunehmend beliebter, da sie wichtiges Gestaltungsmoment der zur Zeit modernen sog. Japanischen Naturaquarien nach Amano geworden ist. Mit *Eleocharis pusilla* ist eine weitere, kleine Art in aquaristischer Kultur.
VERMEHRUNG Ausläuferpflanzen.

Verschiedenblättrige Eichhornie
Eichhornia diversifolia (VAHL) URBAN
Pontederiaceae

VERBREITUNG Mittel- und Südamerika.
MERKMALE Im Boden wurzelnde Stängelpflanze, Blätter zweizeilig, bis 9 cm lang und 2 bis 5 cm breit. Hell- bis mittelgrün. Die unteren Blätter schwärzen relativ deutlich, sodass Vorpflanzung niedriger Arten anzuraten ist.
KULTUR Wie *Eichhornia azurea*, heller Stand und wenigstens 12 Stunden Belichtungszeit, um 24 °C, mittelhartes Wasser, neutraler bis leicht saurer pH-Wert. Lehmhaltiger Bodengrund ist zu empfehlen.
VERWENDUNG Die Art lässt sich gut in den mittleren Beckenpartien verwenden. Zum Verdecken der unschönen unteren Stängelabschnitte ist das Vorpflanzen mittelgroßer rosettig wachsender Arten anzuraten.
VERMEHRUNG Sprossteilung, die Verzweigung beim Einkürzen ergibt reichlich Jungpflanzen.

Sternpflanze

Eusteralis stellata
(LOUREIRO) PANIGRAHI
Lamiaceae

VERBREITUNG Japan, China, Taiwan, Malaysia, Australien.
MERKMALE Stängelpflanze mit bis 50 cm langen Sprossen und sehr schmalen, quirligen Blättern. Durchmesser der Quirle bis 14 cm. Wuchs aufrecht, schwach verzweigt. Färbung der Blätter variiert oberseits zwischen grün und lilarosa, unterseits schwach rötlich.
KULTUR Problematische Art. Helle Beleuchtung > 0,6 W/l oder HQI erforderlich, kräftiger, lehmhaltiger Bodengrund, um 28 °C, bei Kohlendioxidzusatz (30 mg/l) wird auch Wasser mittlerer Karbonathärte toleriert, pH-Wert um den Neutralpunkt.
VERWENDUNG In mittleren und größeren Behältern für den Aquarienmittelgrund geeignet. Sehr ansprechender Farbkontrast vor hellgrünen Pflanzengruppen.
BEMERKUNG Reagiert empfindlich auf Veränderung der Pflegebedingungen reagiert und Nährstoffmangel sofort mit Stagnation beantwortet. Solange Wuchsstoffe aus der Meristemkultur noch wirksam sind, treibt die Pflanze immer wieder basale Neuaustriebe. Bei längerer Pflege werden erfahrungsgemäß dann aber Probleme auftauchen.
VERMEHRUNG Sprossteilung, Meristemkultur.

Australisches Zungenblatt

Glossostigma elatinoides BENTHAM
Scrophulariaceae

VERBREITUNG Neuseeland, Tasmanien, Australien.
MERKMALE Sumpfpflanze, die langfristig Überflutung toleriert. Die zarte Stängelpflanze wächst, an jedem Knoten wurzelnd, horizontal kriechend auf dem Substrat. Die Sprosse verzweigen sich reichlich, wodurch bald eine teppichartige Matte entsteht. Die Blätter sitzen gegenständig, sind lang gestielt, bis 1 cm lang und 0,5 cm breit.
KULTUR Will man den für japanische Naturaquarien typischen flächigen Wuchs erzielen, sollte Beschattung vermieden werden. Beleuchtung > 0,6 W/l. Die Art bevorzugt weiches, leicht saures Wasser, kommt aber auch mit mittelhartem Wasser und CO_2-Düngung zurecht. Temperatur 20 bis 25 °C.
VERWENDUNG In kleineren und mittleren Becken zur Vordergrundbepflanzung oder Flächenbegrünung. In Japanischen Naturaquarien alleiniger Bodendecker.
VERMEHRUNG Sprossteilung.

Falscher Wasserfreund

Gymnocoronis spilanthopides
(HOOKER & ARNOTT) DE CANDOLLE
Asteraceae

VERBREITUNG Westliches und südwestliches Südamerika.
MERKMALE Im Sumpf wachsende Stängelpflanze, die überflutungstolerant ist. Blätter unter Wasser kurz gestielt, bis 12 cm lang und 4 cm breit. Blüte über Wasser, Blütenstand ohne Zungenblüten. Auffällig sind die weißen etwa 1 cm langen Griffel.
KULTUR Anspruchslos hinsichtlich aller Pflegeparameter. Helles Licht verlangsamt den Wuchs etwas.
VERWENDUNG Wegen seiner immensen Wuchsleistung arbeitsintensiv und deshalb nur noch selten gepflegt. Gruppenpflanze der mittleren Aquarienbereiche.
VERMEHRUNG Sprossteilung.

Amerikanisches Perlkraut

Hemianthus micranthemoides
NUTALL
Scrophulariaceae

VERBREITUNG Ostküste Nordamerikas.
MERKMALE *Hemianthus micranthemoides* ist eine Stängelpflanze. Die Beblätterung ist gegenständig bis quirlig. Die Blätter sind bis 9 mm lang und bis maximal 2 mm breit und von hellgrüner Farbe. Die Art wächst sowohl über, als auch unter Wasser. Submers wächst das Perlkraut gestreckt aufrecht. Starke Beleuchtung hat eine gute Verzweigung zur Folge, wodurch die Pflanzengruppe basal durch am Boden kriechende Sprosse auch in die Breite wächst.
KULTUR 0,6 bis 0,8 W/, für HQI-Beleuchtung gut geeignet, wodurch buschiger Wuchs erzeugt wird, 20 bis 28 °C, kurzzeitig werden auch höhere Temperaturen vertragen. Wasser leicht sauer bis schwach alkalisch, Wasserhärte ohne wesentliche Bedeutung. Kohlendioxid-Zudüngung wirkt sich positiv auf das Wuchsverhalten aus.
VERWENDUNG In kleinen Aquarien gut als Mittel- oder Hintergrundpflanze geeignet. In großen Becken wird die Art gern zur polsterartigen Begrünung des Vordergrundes und der mittleren Beckenpartien verwendet. Das Wasser sollte klar und ohne Trübstoffe sein.
VERMEHRUNG Erfolgt durch Sprossteilung, Meristemkultur.

Seegrasblättriges Trugkölbchen
Heteranthera zosterifolia MARTIUS
Pontederiaceae

VERBREITUNG Südamerika.
MERKMALE Submerse Stängelpflanze mit aufstrebender, flexibler Sprossachse, submerse Blätter wechselständig, bis 5 cm lang und max. 0,7 cm breit. Schwimmblätter im Aquarium selten. Die leuchtend blauen Blüten mit gelben Antheren werden auch bei Aquarienhaltung über den Wasserspiegel erhoben.
KULTUR Wärmeres Wasser wird bevorzugt. Mittelhartes Wasser und leicht saurer bis leicht basischer pH-Wert werden toleriert. Ein heller Standort wird mit dichtem Wuchs belohnt.
VERWENDUNG Sehr dekorative, schnellwüchsige Art, die gut für die Hintergrundgestaltung geeignet ist. Lichthungrig und empfindlich gegen Wassertrübungen. Bei reichlich Licht bleibt die Art länger am Boden und verzweigt sich intensiv.
VERMEHRUNG Sprossteilung.

Wasserfeder
Hottonia palustris L.
Primulaceae

VERBREITUNG Europa, Nordasien.
MERKMALE Ausdauernde Stängelpflanze, meist submers, aufstrebender Spross bis ein Meter lang, mit wechselständigen, einfach gefiederten, bis 6 cm langen und bis 3 cm breiten Blättern. Etagenprimelähnliche Blütenstände über Wasser und nur bei Freilandkultur.
KULTUR Mittelhartes Wasser, pH-Wert neutral bis leicht basisch sowie helle Beleuchtung sind dem Wuchs förderlich, 15–25 °C.
VERWENDUNG Die Wasserfeder ist eine der heimischen Pflanzen, die problemlos im tropischen Süßwasseraquarium zu kultivieren sind. Besonders wirkt die Art in polsterartigen Gruppen im Aquarienvorder- und -mittelgrund. Gute Kontrastpflanze zu dunklen, großblättrigen und farbigen Arten.
VERMEHRUNG Sprossteilung.

Quirliger Wassernabel

Hydrocotyle verticillata THUNBERG
Apiaceae

VERBREITUNG Tropik und Subtropik Nord- und Südmerikas.
MERKMALE *Hydrocotyle vulgaris* nahe stehend. Kriechend wachsende Stängelpflanze, an den Knoten wurzelnd, Blätter wechselständig, bis 10 cm lang gestielt, schildförmig, in der Mitte nabelartig vertieft („Wassernabel"). Blüten nur über Wasser, unscheinbar in übereinander stehenden, wenigblütigen Quirlen. Emers werden dichtblättrige Matten gebildet.
KULTUR Anspruchslos hinsichtlich Wasserhärte und pH-Wert, um 25 °C, heller Stand bringt kurz gestielte Blätter.
VERWENDUNG Ausgesprochen attraktive Vordergrundpflanze.
VERMEHRUNG Sprossteilung.

Indischer Wasserwedel

Hygrophila difformis
(LINNE FIL.) BLUME
Acanthaceae

VERBREITUNG Indien, Thailand, Birma, Malaiische Halbinsel.
MERKMALE Stängelpflanze mit aufrechten oder niederliegenden Sprossen und kreuzgegenständigen, unter Wasser ungeteilten bis mehrfach gefiederten, bis zu 15 cm großen Blättern.
KULTUR Anspruchslose Pflanze bei aquaristisch üblichen Wasserwerten, für CO_2-Düngung dankbar. Kräftiger Bodengrund und helle Beleuchtung lässt sehr dekorative Pflanzen entstehen.
VERWENDUNG Kontrastpflanze des Aquarienmittelgrundes und der hinteren Beckenpartien. Eine der schönsten Aquarienpflanzen überhaupt. Es gibt eine weißbunte Form, deren dekorativer Wert Geschmackssache ist.
VERMEHRUNG Sprossteilung.

Indischer Wasserfreund

Hygrophila polysperma (ROXBURGH) T. ANDERSON
Acanthaceae

VERBREITUNG Indien.
MERKMALE Stängelpflanze mit aufrechten oder niederliegenden Sprossen und kreuzgegenständigen, elliptischen, bis 7 cm langen und höchsten 1,5 cm breiten Blättern. Es gibt neben der Art mehrere Farbformen ('Braun', 'Rosanervig').
KULTUR Einfach zu haltende Aquarienpflanze ohne besondere Pflegeansprüche. Besonders schöne Exemplare erzielt man mit lehmhaltigem Bodengrund, heller Beleuchtung und CO_2-Zusatz.
VERWENDUNG Wegen ihrer Flexibilität in allen Bereichen des Aquariums verwendbar. Gruppenpflanzung empfehlenswert.
VERMEHRUNG Sprossteilung.

Brasilianisches Wasserhaar

Hydrothrix gardneri HOOKER FIL.
Pontederiaceae

VERBREITUNG Ostbrasilien.
MERKMALE Zarte, krautige, im Boden wachsende oder schwimmende Stängelpflanze mit unscheinbar quirliger (Kurztriebe) Beblätterung. Blätter fadenförmig, bis 3 cm lang. Blüht unter Gewächshausbedingungen zuverlässig. Vermehrung durch Aussaat.
KULTUR Weiches bis höchstens mittelhartes Wasser, pH leicht sauer, Kohlendioxiddüngung ratsam, > 0,6 W/l. Es sollte ein freier Stand angeboten werden, da die Art konkurrenzschwach ist.
VERWENDUNG In den vorderen oder mittleren Beckenpartien schwimmend oder eingepflanzt. Wegen der problematischen Kultur wird die Pflanze immer eine aquaristische Rarität und damit dem Spezialisten vorbehalten bleiben. Bei der Kultur wäre aber zu beachten, dass es mehrere anuelle Arten gibt (u.a. *Rotala macrandra*), die durch regelmäßige Verjüngung langfristig in ihrer vegetativen Phase gehalten werden.
VERMEHRUNG Sprossteilung, Aussaat.

Verschleiertes Brachsenkraut

Isoetes velata A.BRAUN VAR. *sicula* GENNARI

Isoetaceae

VERBREITUNG Sizilien und Sardinien.

MERKMALE Ein vielblättriger, bis zu 30 cm hoher Pflanzenbusch mit pfriemligen, dunkelgrünen Blättern. Rosettenpflanze mit knolligem Rhizom.

KULTUR Kultur unproblematisch. Lichtbedarf mäßig, Wasserhärte und pH-Wert im üblichen aquaristischen Rahmen unerheblich. 22–26 °C.

VERWENDUNG Die Pflanze ist wegen ihrer unproblematischen Kultur vielseitig verwendbar. Vor hellgrünen Pflanzungen oder Moorkienholz ist sie wegen ihrer ungewöhnlichen Erscheinung sehr dekorativ.

VERMEHRUNG Aussaat der vermischten Makro- und Mikrosporen auf feuchtem Substrat. Nach Auflaufen langsames Absenken unter den Wasserspiegel. Später pikieren. Möglichst ungestört mit leichten Mulmansammlungen im Basisbereich, dann Selbstaussaat möglich.

Großer Sumpffreund

Limnophila aquatica (ROXB.) ALSTON

Scrophulariaceae

VERBREITUNG Vorderindien, Ceylon, Sulawesi.

MERKMALE *Limnophila aquatica* ist die größte Limnophila-Art der Aquarienkultur. Die Stängelpflanze wird bis 70 cm hoch, wobei die bis 10-zähligen, schmalzipfligen Blattquirle bis 15 cm Durchmesser erreichen können. Basale Ausläufer an eingewachsenen Kulturen häufig. Im Kurztag blüht die Art über Wasser.

KULTUR 24 bis 28 °C, Wasserhärte ohne wesentliche Bedeutung. Wasser schwach sauer bis schwach alkalisch. Bei höheren Temperaturen wirkt sich Kohlendioxiddüngung positiv aus. Eisenmangel kann zu Chlorosen führen. Sehr helle Beleuchtung, auch HQI-Lampen. Bodengrund mit recht hohem Lehmanteil wirkt sich positiv auf die Nährstoffversorgung der Pflanzen aus.

VERWENDUNG Geeignet für größere Aquarien ab einer Kantenlänge von 120 cm und mindestens 45 cm Höhe. Herrliche Kontrastpflanze zu farbigen und großblättrigen Arten. Sollte in keinem größeren Aquarium fehlen.

VERMEHRUNG Sprossteilung.

Indischer Sumpffreund

Limnophila indica (L.) DRUCE
Scrophulariaceae

VERBREITUNG Tropisches Asien, Afrika, Australien. Adventiv im trop. Amerika.
MERKMALE Stängelpflanze, bis 80 cm lang. Blätter quirlig fein gefiedert bis 4 cm lang. Bei Starklicht rötliche Färbung der gesamten Pflanze. Emerser Wuchs möglich.
KULTUR Weit verbreitete Aquarienpflanze ohne besondere Ansprüche an die Wasserbeschaffenheit, pH-Wert leicht sauer bis leicht alkalisch, um 24 °C, Beleuchtung ab 0,6 W/l. Nahrhafter Bodengrund fördert die Pflanzengesundheit.
VERWENDUNG Verwendung wie *Limnophila aquatica*, aber auch für kleinere Aquarien geeignet.
VERMEHRUNG Sprossteilung.

Blütenstielloser Sumpffreund

Limnophila sessiliflora BLUME
Scrophulariaceae

VERBREITUNG Indien bis Japan.
MERKMALE Stängelpflanze mit über 70 cm Länge. Beblätterung quirlig. Fiedrige Blattsegmente bis 3 cm lang. Die Art ist die am längsten kultivierte Limnophila. Die häufig erwähnte Giftigkeit der Pflanze ist nicht nachgewiesen.
KULTUR Am längsten bekannte Limnophila-Art. Pflege wie bei *Limnophila indica*.
VERWENDUNG Wie *Limnophila indica*. Schnell wüchsige Pflanze, die bald unter der Wasseroberfläche dichte Polster bildet. Dies scheint für die Jungfischaufzucht positiv, beschattet aber das Aquarium stark. Des Starkwuchses wegen arbeitsaufwändig.
VERMEHRUNG Sprossteilung.

Scharlachrote Lobelie
Lobelia cardinalis L.
Lobeliaceae

VERBREITUNG Mittleres, östliches Nordamerika.
MERKMALE Aufrechte Stängelpflanze, die gut an die Unterwasserkultur angepasst ist. Der fleischige Stängel wird bis 3 cm dick. Blätter wechselständig, unter Wasser rundlich, gekerbt, hellgrün, über Wasser bis 18 cm lang, 4 cm breit, olivgrün bis weinrot. Blüten sehr auffallend scharlachrot.
KULTUR Problemlos zu haltende Aquarienpflanze, 20–26 °C, pH-Wert 7, helle Beleuchtung und lehmhaltiger Bodengrund ergibt kräftige, gedrungene Pflanzen.
VERWENDUNG Zur Mittelgrundgestaltung sowie zum Aufbau so genannter Pflanzengassen gut geeignet. Die hellgrüne Art bringt einen guten Kontrast zu dunklen und farbigen Aquarienpflanzen. Ebenso verwendbar wie *Saururus cernuus*.
VERMEHRUNG Sprossteilung. Blattlose Stängel an der Wasseroberfläche treibend, bringen aus dem Meristem der Blattachseln eine Unzahl von Jungpflanzen.

Bogenförmige Ludwigie
Ludwigia arcuata WALTER
Onagraceae

VERBREITUNG Östliche USA.
MERKMALE Stängelpflanze mit submers aufrechtem Wuchs, schmalblättrige, kreuzgegenständige Beblätterung bis 1,8 cm lang und um 4 mm breit. Unter Wasser extrem schmalblättrig mit schöner Rotfärbung bei starker Beleuchtung .
KULTUR Weiches bis mittelhartes Wasser, ab 0,6 W/l, pH-Wert um 7, feiner, lehmhaltiger Bodengrund, 22 bis 26 °C, CO_2-Düngung förderlich.
VERWENDUNG In größeren Gruppen sehr schöne Kontrastpflanze der mittleren Aquarienbereiche. Besonders vor hellgrünen Arten wie *Nuphar japonica*, *Nymphaea lotos* „Grün„, aber auch *Limnophila aquatica*.
VERMEHRUNG Sprossteilung.
ANMERKUNG Unter dem Namen *Ludwigia arcuata* wird sehr oft *Ludwigia brevipes* angeboten.

Sumpfheussenkraut
Ludwigia repens (L.) ELLIOTT
Onagraceae

VERBREITUNG USA, Mexiko.
MERKMALE Stängelpflanze mit aufrechtem Wuchs und kreuzgegenständiger Beblätterung. Unter Wasser bis 2,5 cm lang und 1,5 cm breit. Es sind mehrere Formen in Kultur. Färbung je nach Form rein hellgrün bis oberseits dunkel oliv, unterseits weinrot.
KULTUR Einfache Kultur ohne besondere Ansprüche an das Aquarienwasser. Helles Licht verstärkt die Farben und verkürzt die Internodien.
VERWENDUNG Gruppenpflanze der mittleren und hinteren Aquarienbereiche.
VERMEHRUNG Sprossteilung.

Schmalblättrige Bastardludwigie
Ludwigia repens x arcuata
Onagraceae

VERBREITUNG Kulturhybride.
MERKMALE Sumpfpflanze mit kriechenden, niederliegenden oder aufrechten Stängeln mit kreuzgegenständiger Belaubung. Unter Wasser bis 5 cm lang und 1,5 cm breit. Starkes Licht erzeugt dunkelrote Pflanzen. Eine der schönsten Ludwigien.
KULTUR wie *Ludwigia repens.*
VERWENDUNG Gruppenpflanze der mittleren und hinteren Aquarienbereiche, Kontrastpflanze.
VERMEHRUNG Sprossteilung.
ANMERKUNG Die beiden Bastardludwigien *Ludwigia repens x arcuata* und *Ludwigia repens x palustris* sind die wüchsichsten Aquarien-Ludwigien.

Pfennigweiderich
Lysimachia nummularia L.
Primulaceae

VERBREITUNG Ursprünglich Mitteleuropa. Fast überall in den gemäßigten Zonen ausgewildert.
MERKMALE Emers kriechend wachsende Sumpfpflanze, deren Sprosse in den Wasserraum hineinwachsen können. Unter Wasser aufrechter Wuchs mit gegenständigen, kurz gestielten Blättern. Die Sprosse wachsen unter Wasser aufrecht bis maximal 40 cm Höhe und verzweigen spärlich. Es gibt eine grüne und eine gelbliche Farbvariante der Art. An natürlichen Fundorten kommt nur die grüne Form vor. Die Pflanze blüht von Mai bis August mit gelben, blattachselständigen Einzelblüten.
KULTUR Als euryöke Art stellt der Pfennigweiderich wenige Ansprüche an die Pflege. Temperaturen zwischen 15 und 30 °C, 20 °C sind optimal, pH-Wert und Wasserhärte sind im aquarienüblichen Rahmen vernachlässigbar. Helle Beleuchtung bringt gedrungene, dichte, hellgrüne Pflanzenpolster.
VERWENDUNG Wie viele Sumpfpflanzen, wächst die Art im Aquarium unter Wasser zufriedenstellend. Als hellgrüne Kontrastart im Aquarienvordergrund und in den mittleren Bereichen vor farbigen oder feinblättrigen Arten sehr dekorativ. Die Art ist pflegeleicht.
VERMEHRUNG Sprossteilung.

Flutendes Mooskraut
Mayaca fluviatilis AUBLET
Mayacaceae

VERBREITUNG Südöstliches Nordamerika, Große Antillen, tropisches Südamerika.
MERKMALE Stängelpflanze, wächst verzweigt, aufrecht flutend. Die hellgrünen Blätter sind schmal linealisch und dicht wechselständig bis 15 mm lang und 1 mm breit.
KULTUR Die Beleuchtung sollte täglich 12 Std. nicht unterschreiten und mindestens 0,8 W/l betragen, leicht saures, weiches Wasser. Auch bei Wasserhärten bis 20° Gesamthärte, die ausschließlich der temporären Härte entsprechen kann, zu pflegen, benötigt dann aber Kohlendioxid-Zusatz bis ca. 30 mg/l frei verfügbarer Kohlensäure. Zu empfehlen wäre dann eine pH-Wert gesteuerte, automatische Zufuhr. Temperatur zwischen 22 und 28 °C.
VERWENDUNG In kleineren Becken verursacht *Mayaca fluviatilis* wegen seiner Schnellwüchsigkeit viel Pflegeaufwand. Größere Becken mit Wasserständen bis 50 cm erfahren durch das Flutende Mooskraut eine Bereicherung. Der Pflegeaufwand beschränkt sich auf gelegentliches Einkürzen und neu pflanzen.
VERMEHRUNG Sprossteilung.

Rundblättriges Perlkraut

Micranthemum umbrosum
(WALTER) BLAKE
Scrophulariaceae

VERBREITUNG Weite Teile der USA.
MERKMALE Kleine Stängelpflanze mit kriechendem, an den Knoten wurzelndem, sich häufig verzweigendem, bis 20 cm langem Spross. Blätter gegenständig, rund, bis 7 mm im Durchmesser.
KULTUR 0,6 bis 0,8 W/l, auch HQI-Beleuchtung erzeugt buschigen Wuchs, 20 bis 25 °C, kurzzeitig darüber, pH-Wert um 7, Wasserhärte ohne wesentliche Bedeutung. Kohlendioxid- Zudüngung wirkt sich positiv auf das Wuchsverhalten aus.
VERWENDUNG Die Art ist ähnlich wie *Hemianthus micranthemoides* als Polster im Vordergrund und in den mittleren Aquarienteilen geeignet. Sehr schöne Art.
VERMEHRUNG Sprossteilung.

Schwarzwurzelfarn

Microsorum pteropus
(BLUME) CHING
Polypodiaceae

VERBREITUNG Tropisches Asien.
MERKMALE Sehr vielgestaltiger Farn mit kriechendem, schuppigem Rhizom dichte Büsche bildend. Blattstiel kurz, teilweise geflügelt, Spreite gelappt oder einfach.
KULTUR Problemlos in fast jedem Aquarienwasser wachsend. Wird gern zum Bepflanzen von Buntbarschaquarien verwendet. Lichtansprüche eher niedrig.
VERWENDUNG Zum Bewachsen von Steinen, vor allem Lavabrocken oder Moorkienholz, aber auch Schaumpolystyrolrückwänden hervorragend geeignet.
VERMEHRUNG Erfolg durch Rhizomteilung, Adventivpflanzen.
ANMERKUNG Es sind mehrere, unterschiedlich große Formen und die Sorten 'Tropica' und 'Windelow' im Handel.

Dickstänglige Nesaea

Nesaea crassicaulis
(GUILLEMIN & PERROTTET) KOEHNE
Lythraceae

VERBREITUNG Tropisches Afrika.
MERKMALE Submers aufrecht wachsende Stängelpflanze. Blätter wechselständig, submers bis 10 cm lang und 1,5 cm breit, lanzettlich. Blätter und Stängel dickfleischig, brüchig, gelblichgrün bis schwach purpurfarben.
KULTUR Weiches bis mittelhartes Wasser, pH-Wert um 7. Temperatur 25–28 °C, CO_2-Düngung anzuraten, Licht 0,6–0,8 W/l. Wegen des weichen Blattgewebes besteht bei Verletzung Fäulnisgefahr.
VERWENDUNG Gruppenpflanze der mittleren Aquarienbereiche.
VERMEHRUNG Sprossteilung.

Japanische Teichrose

Nuphar japonica DE CANDOLLE
Nymphaeaceae

VERBREITUNG Japan.
MERKMALE Kräftige Rosettenpflanze mit im oder auf dem Substrat kriechenden, dickem Rhizom. Blätter pfeilförmig, hellgrün, durchscheinend. Blattlänge bis 20 cm, Breite 10 bis 12 cm. Die Länge des Blattstieles variiert je nach Lichtangebot. Schwimmblatt- und Blütenbildung unter Aquarienbedingungen selten. Großer Pflatzbedarf. Seit kurzem ist die rötlich gefärbte Varietät *Nuphar japonica var. rubrotincta* (Caspary) Ohwi im Handel.
KULTUR Nur für größere Behälter ab Kantenlänge 120 cm. Mittel- oder Hintergrundpflanze. Soll die Art ihre ganze Pracht zeigen, muss hell beleuchtet werden. Die rötliche Varietät benötigt zum Erhalt der Färbung noch hellere Beleuchtung. Wasserhärte und pH-Wert sind im aquaristisch üblichen Bereich ohne nähere Bedeutung. Temperaturtoleranz zwischen 20 und 27 °C. Nährstoffarmen Bodengrund verwenden!
VERWENDUNG Bei ausreichender Beleuchtung einer der schönsten und pflegeleichtesten Solitärpflanzen. Wegen der immensen Wuchskraft ist die Pflanze nur für größere Aquarien geeignet.
VERMEHRUNG Ruheknospenaustrieb, Aussaat.

Tigerlotos
Nymphaea lotos L.
Nymphaeaceae

VERBREITUNG Tropisches Afrika, und Madagaskar. Durch weltweite Aquarienkultur in zusagenden Gewässern nahezu weltweit adventiv.
MERKMALE Rosettenpflanze mit Knolle, kurze Ausläufer bildend. Die Art ist eine ausgezeichnete Aquarienpflanze mit weiter ökologischer Amplitude. Die sehr unterschiedliche Färbung der bis 25 cm großen Unterwasserblätter von rotbraun bis leuchtend grün mit einer sehr variablen, braunroten Fleckung machen die polymorphe Art nahezu universell einsetzbar. Blüten, auch unter Aquarienbedingungen, allerdings nur nach Schwimmblattbildung.
KULTUR Anspruchslose Art, pH um 7, 22 bis 25 °C. Nahrhafter Bodengrund und ein heller Stand ergeben kräftige, gedrungene Pflanzen. Wächst aber auch in reinem Kies.
VERWENDUNG Der Tigerlotos ist eine vielseitig verwendbare Art. Als Solitärpflanze an einem optisch starken Punkt ist sie von unvergleichlicher Wirkung. Rote Pflanzen wirken besonders vor *Limnophila aquatica* oder hellgrünen Hygrophila.
VERMEHRUNG Ausläuferpflanzen.

Ezzanos Seekanne
Nymphoides ezannoi BERHAUT
Menyanthaceae

VERBREITUNG Zentralafrika.
MERKMALE Rosettenpflanze mit Schwimmblättern und Ausläufern. Die Blätter und Wurzeln entwickeln sich am Ende eines, je nach Aquarienhöhe bis 80 cm langen Triebes. Sie sind eiförmig, kurz gestielt, basal herzförmig, tief eingeschnitten bis 10 cm groß. Blüten entstehen scheinbar aus dem Blattstiel, bis 25 nacheinander. Zwittrig, weiß, fünfzählig. Adventivsprosse an der Basis der Blütenstände entspringend.
KULTUR Einfach zu haltende Pflanze. Helle Beleuchtung, 25–28 °C, Wasserhärte und pH-Wert unbedeutend. Sehr blühwillige Art.
VERWENDUNG Hervorragend für offene Aquarien geeignet.
VERMEHRUNG Abtrennung der reichlich entstehenden Ausläuferpflanzen

Froschlöffelähnliche Ottelie
Ottelia alismoides (L.) PERSOON
Hydrocharitaceae

VERBREITUNG Asien, Australien.
MERKMALE Große, bis 75 cm hoch werdende, nur submers wachsende Rosettenpflanze mit bis 20 cm großen, bullösen, löffelförmig gewölbten, deutlich in Blattstiel und Spreite gegliederten Blättern. Blüten weiß, zwittrig, dreizählig, ggf. kleistogam, reichlich Samenbildung. Spatha und Frucht geflügelt. Die gesamte Pflanze ist extrem zerbrechlich.
KULTUR Temperatur 24 bis 28 °C, Wasserhärte und pH-Wert unerheblich. Helle Beleuchtung ab 0,6 W/l.
VERWENDUNG Groß werdende Solitärpflanze für geräumige Aquarien ab 250 l.
VERMEHRUNG Selten Teilung der Mutterpflanze. Samenvermehrung.

Meersalatblättrige Ottelie
Ottelia ulvifolia
(PLANCHON) WALPERS
Hydrocharitaceae

VERBREITUNG Tropisches Afrika.
MERKMALE Große, bis 50 cm hoch werdende, nur submers wachsende Rosettenpflanze, Blatt deutlich in Spreite (bis 25 cm) und Blattstiel (bis 25 cm) gegliedert. Blätter bei der Kulturform leuchtend grün mit bräunlicher Strich- und Fleckzeichnung. Blüten lang gestielt, zwittrig in einer transparenten, beidseitig abgeflachten grünen Spatha sitzend. Blüten dreizählig, meist gelb.
KULTUR Lichtbedürftige, ansonsten flexible Art. Temperatur 24 bis 28 °C.
VERWENDUNG Der Größe wegen bevorzugt für hohe Aquarien. Attraktive Solitärpflanze.
VERMEHRUNG Häufige spontane Teilung der Mutterpflanzen. Samenvermehrung.

Gays Laichkraut

Potamogeton gayi A. BENNETT
Potamogetonaceae

VERBREITUNG Süden Südamerikas.
MERKMALE Submers wachsende Stängelpflanze mit dünner, aufrechter, flutender Sprossachse, schwach verzweigend und wechselständiger, zweireihiger Beblätterung. Blätter schmal linealisch, sitzend, ganzrandig. Basal Ausläufer bildend, Blütenähren unscheinbar über Wasser.
KULTUR Problemlose Kultur, helle Beleuchtung ergibt braunrot gefärbte Sprosse.
VERWENDUNG Selten gepflegte Art. Gruppenpflanze der mittleren und hinteren Beckenpartien.
VERMEHRUNG Kopfstecklinge, basaler Neuaustrieb, Ausläuferpflanzen, Verzweigung der Stängelreste.

Flutendes Sternlebermoos

Riccia fluitans L.
Ricciaceae

VERBREITUNG Weltweit.
MERKMALE Flexible, auf der Wasseroberfläche aufschwimmende oder auf feuchtem Substrat wachsende, sich dann mit den Rhizoiden verankernde Art mit sternförmig gegabelten Thalli. Dichte Polster bildend.
KULTUR Ohne besondere Ansprüche sich reichlich vegetativ vermehrend. Temperatur 20 bis 27°C.
VERWENDUNG Schwimmpflanze zur Lichtdämpfung, als Nesthilfe für Schaumnestbauer, Refugium für Jungfische.
VERMEHRUNG Vegetativ durch Teilung.

Wassermeerrettich

Rorippa aquatica (EATON) PALMER & STEYERMARK
Brassicaceae

VERBREITUNG Östliches Nordamerika, Süd- und Ostmissouri, Quebec, Ontario, Minnesota, südlich bis Florida und Texas.
MERKMALE Pflanze, die im Kurztag rosettig wächst und im Langtag zur Streckung übergeht (Übergang zur Blühphase). Beblätterung dann wechselständig, 10 bis 20 cm hoch werdend. Bei stärkerer Beleuchtung (0,6 bis 0,8 W/l Leuchtstofflampenlicht) dichtbuschig, ästig verzweigt. Hellgrün bis dunkelgrün. Blätter im unteren Drittel gefiedert, im oberen Drittel grob gezähnt.
KULTUR pH 6,5 bis 9, temperaturverträglich bis 30 °C, kühlere Haltung wird jedoch bevorzugt. Toleriert mittelhartes bis hartes Wasser. Kohlendioxiddüngung wirkt sich positiv aus, verhindert Kalkausfällungen auf den Blättern.
VERWENDUNG In kleinen Aquarien gut als Mittelgrundpflanze geeignet. In großen Becken kann *Rorippa aquatica* als dichtbuschige Art des Vordergrundes und der mittleren Beckenpartien verwendet werden. Die Beleuchtung sollte hell sein. Bei Kohlendioxidmangel ist die Art zur Bikarbonatassimilation befähigt, wodurch auf den Blättern unschöne Kalkkrusten entstehen.
VERMEHRUNG Sprossteilung, Meristemkultur, an den Bruchstellen abgetrennter Blätter bilden sich Adventivpflanzen.

Rotweiderich

Rotala macrandra KOEHNE
Lythraceae

VERBREITUNG Südliches Indien.
MERKMALE Submers aufrecht wachsende Stängelpflanze, Blätter 3 bis 5 cm lang, 1,5 bis 3 cm breit, kreuzgegenständig, an den Blatträndern gewellt. Sprosse bis 50 cm lang, verzweigt. Färbung oberseits olivgrün bis kräftig orangerot, unterseits lilarot.
KULTUR 24 bis 28 °C, Wasserhärte unmaßgeblich bei Zufuhr von Kohlendioxid. Der Kohlendioxidgehalt sollte bei 30 mg/l liegen, pH-Wert schwach sauer bis neutral, helle Beleuchtung.
VERWENDUNG Auf Grund seiner Wuchskraft für größere Becken im Mittelgrund vor hellgrünen Pflanzen wie *Limnophila*- oder hellgrünen *Hygrophila*-Arten geeignet. Gruppen der Art wirken besonders schön, wenn sie aus mindestens 20 Stecklingen bestehen. Deshalb ist die Pflanze auch nur in Aquarien ab 100 cm Kantenlänge besonders attraktiv.
VERMEHRUNG Sprossteilung.

Salzbunge
Samolus valerandi L.
Primulaceae

VERBREITUNG Kosmopolitisch.
MERKMALE Emers und submers wachsende Rosettenpflanze, bis 15 cm hoch und 20 cm breit. Blätter hellgrün, verkehrt eiförmig. Blütenbildung nur emers. In Sumpfkultur im Warmhaus kann die Art sich zur Plage ausbreiten.
KULTUR Wächst in hartem, alkalischen Wasser besonders gut, salzverträglich, 20 bis 25 °C, helle Beleuchtung bringt kräftige, gedrungene Pflanzen.
VERWENDUNG In kleineren Aquarien für den mittleren Bereich, in größeren Becken für den Vordergrund geeignet.
VERMEHRUNG Abtrennen der basal reichlich entstehenden Seitentriebe. Aussaat.

Eidechsenschwanz
Saururus cernuus L.
Saururaceae

VERBREITUNG Nordosten Nordamerikas, verschiedentlich eingeschleppt.
MERKMALE Stangelpflanze mit kraftigen, unterirdischen Ausläufern. Über Wasser bis 50 cm hoch, nur dann blühend. Winterhart. Submers aufrechte Sprosse, auch hier unterirdisch Ausläufer bildend. Blätter wechselständig, gestielt, bis 6 cm lang und 4 cm breit. Typische rückwärts übergebogene, herzförmige Blätter, oberseits hell- bis olivgrün, unterseits silbrig.
KULTUR Einfache Kultur, anspruchslos, helle Beleuchtung erforderlich.
VERWENDUNG Die Pflanze der Wahl bei der Gestaltung von Pflanzenstraßen. Ansonsten Vordergrundbepflanzung.
VERMEHRUNG Stecklingsvermehrung, Abtrennen der Ausläuferpflanzen.

Krebsschere

Stratiotes aloides L.
Hydrocharitaceae

VERBREITUNG Europa.
MERKMALE Rosettige Schwimmpflanze, deren starre, wehrhaft bestachelte Blätter teilweise semiemers wachsen. Blätter manchmal bis 80 cm lang. Die Art ist getrenntgeschlechtig, zweihäusig. Selten beide Geschlechter in einer Population. Die Blattrosette sinkt im Herbst zum Gewässergrund, um bei Gewässererwärmung wieder aufzusteigen.
KULTUR Für mittelhartes und leicht alkalisches, basenreiches Wasser geeignet. Art für den Gartenteich, aber auch nach Eingewöhnung für das tropische Aquarium.
VERWENDUNG Dekorative Art für größere Aquarien, wo sie schwimmend kultiviert wird.
VERMEHRUNG Ausläuferpflanzen und Turionen (Winterknospen).

Schraubenvallisnerie

Vallisneria spiralis L.
Hydrocharitaceae

VERBREITUNG Südeuropa, Südwestasien.
MERKMALE Rosettige Wasserpflanze mit intensiver Ausläuferbildung. Blätter bandförmig glatt oder geschraubt (gedreht), bis 1 m lang und weniger als 1 cm breit, am Rande meist fein gezähnt.
KULTUR Unproblematische Art, auch für hartes Wasser und basischen pH-Wert geeignet. Helle Beleuchtung und lehmhaltiger Bodengrund ergeben kräftige Pflanzen.
VERWENDUNG Gut zur Hintergrundbegrünung geeignet. In größeren Aquarien als säulenförmiger Blickfang des Aquarienmittelgrundes geeignet.
VERMEHRUNG Ausläuferpflanzen.
bemerkung Die Bezeichnung „Schraubenvallisnerie ist nicht auf die manchmal schraubenförmig gedrehten Blätter zurückzuführen, sondern auf die spiralig eingewundenen Blütenstandstiele befruchteter weiblicher Blüten.

Javamoos
Vesicularia dubyana
(C. MÜLLER) BROTHERUS
Hypnaceae

VERBREITUNG Sundainseln, Philippinen.
MERKMALE Stark verzweigte, 15 cm und längere fädige Thalli, die mit der Zeit dichte Polster bilden. Fixiert sich mit seinen Rhizoiden auf dem Substrat.
KULTUR Einfache Kultur, Lichtansprüche mäßig, Temperatur und pH-Wert im aquarienüblichen Bereich.
VERWENDUNG Begrünung von Wurzeln, Steinen (besonders Lava), Rück- und Seitenwänden der Aquarien. Sehr dekorative Art.
VERMEHRUNG Teilung des Polsters.

Grasblättriges Trugkölbchen
Zosterella dubia (JACQUIN) SMALL
Pontederiaceae

VERBREITUNG Mittlere, östliche USA, Mexiko, Kuba.
MERKMALE Einfach zu haltende Stängelpflanze mit meterlangen erst aufrechten, dann aufschwimmenden Sprossen, langen Internodien und wechselständigen, linealischen Blättern. Blüten gelb, einzeln. Wegen der immensen Wuchsleistung und des etwas spillerigen Aussehens heute selten gepflegte Art.
KULTUR pH-Wert und Wasserhärte im Rahmen üblicher Aquarienkultur unerheblich. Im leicht alkalischen Bereich wächst die Art leichter. 15 bis 30 °C, günstig um 20 °C.
VERWENDUNG Unauffällige Art, deshalb als säulenartiger, aufstrebender Kontrast für die mittleren Beckenpartien und vor großblättrigen Arten.
VERMEHRUNG Sprossteilung.

AQUARIEN MIT PFLANZEN GESTALTEN

Die Raumaufteilung

Konzepte erstellen

Anfangs pflanzte ich alles, was auch nur den Anschein erweckte, im Aquarium kultiviert werden zu können, an. Die Sammelleidenschaft hatte mich gepackt. Bald war das schönste Sammelsurium zusammen und der Anblick der Aquarien eine mittlere Katastrophe. Pflanzensoziologie und Ästhetik? Fehlanzeige! Ich musste einsehen, dass, wer ein attraktives Schauaquarium einrichten will, nicht darum herumkommt, sich ausreichend Gedanken über Dekorationsmaterial, Rück- und Seitenwände, vorrangig aber über die Bepflanzung zu machen. Je nach Geschick oder bereits vorhandener Praxis sind dazu mehr oder weniger detaillierte Konzepte notwendig. Trotz meiner langjährigen Erfahrung beim Einrichten von Aquarien skizziere ich nach wie vor den Pflanzplan so genau wie möglich auf einem Blatt Papier. So kann man sich schon ein Bild des fertigen Aquariums machen, andererseits sind auf dem Papier noch Korrekturen problemlos möglich. Trotzdem passiert es immer wieder, dass einzelne Arten später ausgetauscht werden müssen, da ihre Wuchseigenschaften anders sind, als es erwartet wurde.

Regeln der Raumaufteilung

Die Grundfläche eines Aquariums teilt man bei der Bepflanzung in drei hauptsächliche Bereiche: den Aquarienvordergrund, die mittleren Beckenpartien und den Hintergrund. Die eine oder andere Solitärpflanze ist an besonders exponierter Stelle geplant. Deren Anzahl hängt jedoch wesentlich von der Größe der zu bepflanzenden Grundfläche ab.

Limnophila aquatica **und** *Hemianthus micranthemoides* **ergeben eine harmonische Komposition.**

Der „Goldene Schnitt"

Vermutlich in Holland hat man erstmals den sog. Goldenen Schnitt in der Aquariengestaltung angewandt. Diese Methode der Raumaufteilung ist in der Malerei und Grafik, der Fotografie und auch der Bühnenbildnerei üblich. Ziel dieser Raumaufteilung ist es, einerseits in den zwei oder drei Dimensionen einer Fläche oder des Raumes sog. optisch starke Punkte zu finden. Andererseits soll durch eine bestimmte Anordnung der Blick des Betrachters auf diese optischen Punkte gelenkt werden. Bei der Gestaltung von Aquarienbepflanzungen beschränken wir uns auf die zwei Dimensionen der Ebene. Die dritte Dimension, nämlich die Höhe der zukünftigen Bepflanzung, ist eine zu stark veränderliche Größe, als dass sie in die Konzeption mit einbezogen werden könnte. Grund dafür ist das Längenwachstum der Aquarienpflanzen als Variable. Wendet man die Regeln des „Goldenen Schnitts" konsequent an, so ist es gleichgültig, ob dabei ein Aquarium für südamerikanische Großbuntbarsche oder kleine Salmler geplant wird. Die grundlegende Raumaufteilung sollte diesen Regeln entsprechen.

Weitere Raumkonzeptionen

Der Vollständigkeit halber seien noch zwei weitere, in Mitteleuropa noch relativ neue „Schulen" der Aquarienkonzeption erwähnt. Das sind zum einem die „Naturaquarien", erfunden von Takashi Amano. Diese Aquarien spiegeln japanische Auffassungen von Naturreflexionen wider. Zum anderen gibt es die so genannten Bonsai-Aquarien, die eigentlich mehr in die Richtung eines Paludariums tendieren.

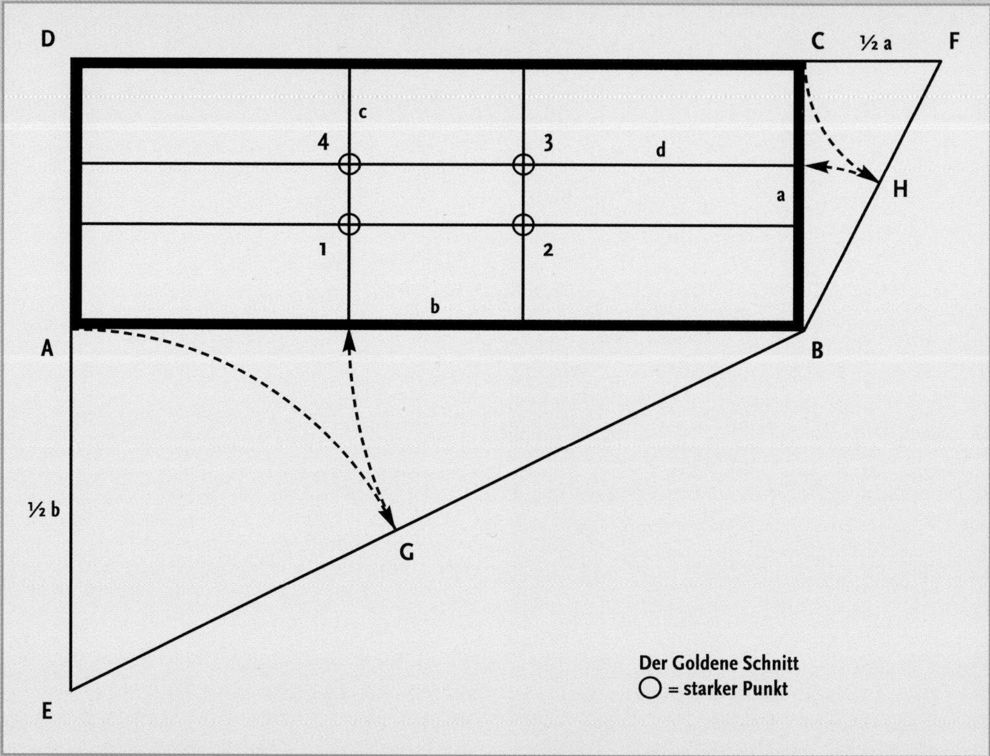

Die „starken Punkte“ ermitteln

Um die „starken Punkte“ einer Aquariengrundfläche zu ermitteln, geht man so vor:

1 Die Eckpunkte der Grundfläche (des Aquariums) heißen A, B, C und D. Die Strecken, die benötigt werden, liegen einmal zwischen A und B (= b) und einmal zwischen B und C (= a).

2 Zunächst die Strecke A–D nach unten um die Hälfte der Stecke b verlängert. Man erhält den Punkt E.

3 Punkt E mit Punkt B durch eine Gerade verbinden. Mit dem Zirkel einen Kreisbogen schlagen. Punkt E ist Mittelpunkt dieses Kreises. Der Radius r beträgt ½ b. Den Kreisbogen von A bis zum Schnittpunkt mit der Geraden E–B zeichnen. Der so ermittelte Schnittpunkt heißt G.

4 Nun wird um B als Mittelpunkt ein Kreisbogen mit dem Radius, der gleich der Strecke B–G ist, bis zum Schnittpunkt mit der Stecke A–B (= b) geschlagen. Auf diesem Schnittpunkt eine Senkrechte (c) errichten.

5 Jetzt verlängert man die Strecke D–C um die Hälfte der Strecke a. So erhält man F.

6 Nun F mit B verbinden. Um den Punkt F einen Kreisbogen mit dem Radius ½ a schlagen. Der Schnittpunkt mit der Stecke F–B ist der Punkt H.

7 Nun wird um B ein Kreisbogen mit dem Radius, welcher der Strecke B–H entspricht, gezeichnet. Der jetzt ermittelte Schnittpunkt mit der Strecke a ist der Ausgangspunkt einer Parallele zu A–B, die d genannt wird.

8 Der Schnittpunkt von c und d ergibt den ersten „Starken Punkt“ (hier Nummer 4)

9 Analog die noch fehlenden Punkte 1 bis 3 ermitteln.

Kontrapunktäre Pflanzenkombination mit *Micranthemum umbrosum, Heteranthera zosterifolia* **und** *Nyphaea lotos.*

Beginnen wir mit der Planung eines ganz normalen Gesellschaftsaquariums mit nicht wühlenden, kaum revierbildenden Fischen. Das können einerseits Salmler, Barben, auch Lebendgebärende Zahnkarpfen, verschiedene Zwergbuntbarsche oder Regenbogenfische sein.

Pflanzen für den Vordergrund

Um sich den Blick in die Tiefe des Aquariums nicht zu verstellen, ist es angebracht, im Vordergrund des Aquariums zuerst einmal kleinwüchsige Pflanzenarten zu verwenden. Das Spektrum der Möglichkeiten ist dabei schon recht ansehnlich.

Rasenartige Flächen

ECHINODORUS-ARTEN In holländischen Aquarien können im Vordergrund sehr oft ausgedehnte Flächen, bewachsen mit der Rasen bildenden Art *Echinodorus tenellus* bewundert werden. Allerdings ist die Schwertpflanze nicht der einfachste Pflegling. Ein heller, unbeschatteter Standort ist Grundbedingung. Weiterhin verträgt es die Art schlecht, wenn sich in der Pflanzenmatte zu viel Mulm ansammelt. Habituell ähnlich, wenn auch etwas größer, sind die sich gleichfalls durch Ausläufer ausdehnenden *Echinodorus bolivianus* und *Echinodorus quadricostatus*. Je nach Größe des Aquariums sind die letztgenannten Arten auch für die mittleren Beckenpartien verwendbar. Mit der Zeit entstehen dichte, rasenartig bewachsene Flächen, die, ähnlich dem Rasen im Staudengarten, einen Ruhepol für das Auge darstellen. Ähnlich kann das kleine, Ausläufer bildende Pfeilkraut *Sagittaria subulata* verwendet werden.

LILAEOPSIS-ARTEN Habituelle Ähnlichkeit mit den kleinen Echinodorus haben die *Lilaeopsis*-Arten, die den Doldenblütengewächsen (Apiaceae) zugeordnet werden. Sowohl *Lilaeopsis brasiliensis* als auch *Lilaeopsis mauritiana* sind beide relativ anspruchslose Pfleglinge. Sie wachsen langsamer als die Rasen bildenden *Echinodorus*-Arten und brauchen auch nicht so viel Licht wie die Zwergschwertpflanze. An jedem Knoten wurzelnd, bilden sie bald dichte Matten.

CRYPTOCORYNE X WILLISII Soll der gleiche Effekt mit der von vielen Pflanzenfreunden begehrten *Cryptocoryne x willisii* erreicht werden, braucht es einerseits viele Einzelpflänzchen, um einen einigermaßen dichten Anfangsbestand zu erreichen, anschließend jedoch sehr viel Geduld, bis der Bestandsschluss erreicht ist. Ist dann endlich die begehrte grüne Fläche entstanden, hat man kaum noch Arbeit. Die Wuchsgeschwindigkeit ist so gering, dass es lange dauert, bis ausgelichtet werden muss. Nur wenn der Stand so dicht geworden ist, dass sich die Blätter schon übereinander legen, werden die Blattstiele länger. Unschön sieht es aus, wachsen solche Pflanzen platt gedrückt an der Frontscheibe nach oben. Ein Freiraum von 5 cm zur Vorderscheibe ist daher schon erforderlich.

AUSTRALISCHES ZUNGENBLATT Schon lange bevor sich die „Japanischen Naturaquarien" etabliert hatten, lernte ich das wunderschöne *Glossostigma elantioides*, das Australische Zungenblatt, kennen. Meist werden die am Boden kriechenden Sprosse nur wenige Zentimeter hoch. Dicht verzweigt, an jedem Knoten wurzelnd, bedecken sie schnell große Flächen, vorausgesetzt, es ist genügend Licht vorhanden. Beschattungen verträgt die Pflanze nicht. Zur Vordergrundgestaltung ist das Australische Zungenblatt bei Beachtung dieser Mindestansprüche sehr dekorativ und etwas Besonderes.

ZWERGKLEEFARN So gut wie vergessen ist eine Pflanze, die vor Jahren begehrt war und gern gepflanzt wurde. Es handelt sich um *Marsilea crenata*, den Zwergkleefarn aus der Familie der Kleefarngewächse Marsileaceae. Ähnlich wie das Australische Zungenblatt wird die Pflanze nur etwa einen Zentimeter

Die Vordergrundbepflanzung mit der Kardinalslobelie ist etwas arbeitsaufwändig.

Algenbälle gekonnt als Gestaltungsmittel einzusetzen verlangt Fingerspitzengefühl.

hoch und breitet sich mit niederliegenden, kriechenden Sprossen auf dem Substrat aus. Die höchstens acht Millimeter großen, fast kreisrunden Blätter decken schuppenartig den Boden ab. Auch der Lichtbedarf der Pflanze ist mäßig.

Moose für Dekorationsgegenstände

In schnell strömenden Gebirgsbächen, aber auch manchen sauberen Tieflandfließgewässern, treffen wir *Fontinalis antipyretica*, das Quellmoos. Es wächst auf Steinen und Baumwurzeln und flottiert auch winters als immergrüne Art unter dem Eis. Im Aquarium haben wir eine wundervolle Entsprechung, nämlich *Vesicularia dubyana*, das Javamoos. Die Pflanze gehört zur Familie der Hypnaceae, den Schlafmoosgewächsen und stammt von den Sundainseln und den Philippinen. Leicht zu kultivieren bewächst dieses Moos locker aufsitzend Dekorationsgegenstände, Rück- und Seitenwände, sehr gern auch das poröse Lavagestein. Bezüglich des Lichtanspruches ist die Art sehr tolerant und kommt auch mit wenig zurecht. Die schönsten Bestände wachsen allerdings unter heller Beleuchtung.

Rasenflächen auflockern

Nicht bodendeckend, aber als Auflockerung zwischen anderen, etwas dichteren, kleinblättrigen Arten, erscheint *Hydrocotyle verticillata*, der Quirlblättrige Wassernabel, bestens geeignet. Da die Art ansonsten relativ anspruchslos in der Pflege ist, muss lediglich für eine ausreichend gute Belichtung im Aquarium gesorgt werden.

Schnellwüchsige und schmalblättrige Stängelpflanzen werden selten für Pflanzenstraßen verwendet.

Mit den soeben genannten Pflanzen haben sich eigentlich die am besten geeigneten Vordergrundpflanzen erschöpft. Aus gestalterischen Erwägungen heraus ist es aber durchaus auch möglich, Arten, die vorrangig in den mittleren Aquarienpartien genutzt werden, straßenartig vom Vordergrund zur Rückwand hinzuziehen. Hier sind wir bei einem Spezialfall der aquaristischen Pflanzenverwendung, den so genannten Pflanzenstraßen.

Straßen aus Pflanzen

Wirkung

Diese meist diagonal von vorn nach hinten, oft auch in Winkeln oder Windungen verlaufenden, ansteigenden Pflanzungen haben

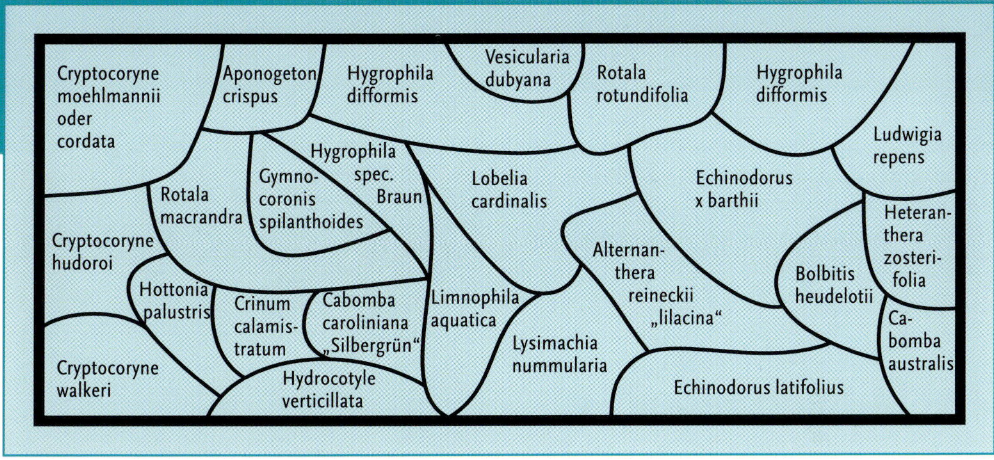

So könnte ein Aquarium mit den Maßen 150 x 60 x 45 cm bepflanzt werden.

unterschiedliche Funktionen. So können diese Straßen den Blick richtungsweisend auf einen starken Punkt im Aquarium führen. Dieser Punkt könnte mit einer Solitärpflanze, aber auch mit einem Felsstück oder einer besonders schönen Wurzel hervorgehoben werden. Möglich ist es auch, mittels solcher blickrichtenden Pflanzung nicht vorhandene Aquarientiefe vorzutäuschen oder die Tiefe größerer Becken zu betonen.

Geeignete Pflanzen für eine „Straße"

Betrachten wir den klassischen Pflanzenfundus, um solche Pflanzenstraßen herzustellen. Nur wenige Arten kommen dabei normalerweise zum Einsatz:

EIDECHSENSCHWANZ In Deutschland eher selten eingesetzt, in holländischen Aquarien oft gesehen, ist *Saururus cernuus*, der Eidechsenschwanz. Diese Sumpfpflanze gedeiht langzeitig unter Wasser und bildet dabei die typischen herzförmigen, leicht nach hinten übergebogenen, frischgrünen Blätter. Da die Art relativ langsam wächst, sind korrigierende Eingriffe relativ selten notwendig.

LOBELIA CARDINALIS, die Scharlachrote Lobelie, ist eine Alternative zum Eidechsenschwanz. Leicht in größeren Mengen vermehrbar, bildet die Art die preiswertere, schnellere Variante, um eine Pflanzenstraße zu gestalten. Im Handel werden beide Arten als Sumpfpflanze angeboten, müssen aber, was auch problemlos möglich ist, an die Unterwasserkultur adaptiert werden. Neuerdings werden auch andere Stängelpflanzen, oft farbige Arten wie *Ammannia* oder *Alternanthera,* so verwendet. Dies kann möglicherweise gute Erfolge hervorbringen, ist aber nur kleinflächig anzuraten, zumal diese Pflanzen oft schnell zur Wasseroberfläche emporwachsen und immer wieder eingekürzt werden müssen.

LANGSAM WACHSENDE ARTEN Meist bevorzugen Aquarianer solche Pflanzen, die nicht so rasant wachsen, relativ leicht korrigiert werden können und gleichzeitig traumhafte Möglichkeiten in der Gestaltung bieten. Gemeint sind solche Pflanzen wie das Amerikanische Perlkraut *Hemianthus micranthemoides*, die Wasserhecke *Didiplis diandra*, das Rundblättrige Perlkraut *Micranthemum umbrosum*, der Pfennigweiderich *Lysimachia nummularia*, aber auch die Wasserfeder *Hottonia palustris* kann Verwendung finden.

Wandert der Blick an diesen Pflanzenstraßen entlang, kommen wir unweigerlich zu dem Bereich, wo die Arten für den mittleren Aquarienbereich zu finden sind.

Die Bepflanzung des Mittelgrundes

Viele Gestaltungsmöglichkeiten

Der Mittelgrund ist wohl der Bereich des Aquariums, der die vielfältigsten Möglichkeiten bietet, um kreativ zu werden. Die Entscheidung zwischen den einzelnen Pflanzengruppen und -arten fällt natürlich umso schwerer, je mehr Möglichkeiten ins Kalkül gezogen werden.

WENIGER PFLEGEINTENSIVE ARTEN Nun soll es auch Aquarianer geben, die es nicht so mit der aufopferungsvollen Pflanzenpflege haben. Der Altmeister der Staudenverwendung Karl Förster kreierte die Hemerocallis (Taglilie) als die Pflanze des „intelligenten Faulen". In der Aquarienbepflanzung entsprechen ihr pflegeleichte, sich gut, aber nicht zu stark durch Ausläufer vermehrende, altbekannte, aber doch immer wieder schöne Arten. Dazu zählen u.a. *Anubias*, viele *Echinodorus* oder *Cryptocorynen* wie *Cryptocoryne wendtii*, *Cryptocoryne bekettii*, *Cryptocoryne affinis*, aber auch *Cryptocoryne lutea* und ihre Formen sowie *Cryptocoryne pontederiifolia*. Auch bereits erwähnte Arten für die Pflanzenstraßen–Gestaltung können hier genauso gut Verwendung finden.

Pflanzen für den Mittelgrund

Je nach Höhe und Tiefe des Beckens schwankt die Zahl der verwendbaren Arten stark. Ich beschränke mich bei der Empfehlung auf Beckengrößen ab 120 cm Standardbeckenlänge und eine Tiefe von 50 cm.

POLSTERARTIGE PFLANZENGRUPPEN Sehr gut lassen sich große, polsterartige Pflanzengruppen mit *Hemianthus* oder *Didiplis diandra* gestalten. Dies hat einerseits den Vorteil, dass solche Gruppen sehr kompakt wirken, andererseits wachsen sie nicht so schnell zur Wasseroberfläche. Man kommt also auch bei größeren Aquarien mit dem Einkürzen noch problemlos zurecht.

Eine stimmige Aquarienbepflanzung nach holländischen Kriterien der Raumaufteilung.

FARBENPRACHT Im mittleren Bereich des Aquariums werden in der Regel auch die farbenprächtigen Pflanzenarten präsentiert. Die Cognacpflanzen *Ammannia gracilis* und *Ammannia senegalensis*, *Rotala*-Arten, aber auch die prächtigen Papageienblätter der Formengruppe um *Althernanthera reineckii* können hier am dekorativsten präsentiert werden. Einerseits wird der Blick durch die Vordergrundbepflanzung ungehindert durchgelassen, andererseits bleibt im Hintergrund noch ausreichend Projektionsfläche, um diese Farben auch gut zur Geltung zu bringen.
ANSPRUCHSVOLLERE ARTEN Pflanzen mit gestreckter Sprossachse, die etwas schwieriger zu pflegen sind, sollten hier im Mittelgrund angepflanzt werden. Dazu zählen z.B. die Indische Sternpflanze *Eusteralis stellata*, das Flutende Mooskraut *Mayaca fluviatilis*, *Lagarosiphon cordofanus*, die rote Haarnixe *Cabomba furcata*, aber auch *Ludwigia glandulosa*. In der Regel ist in diesem Aquariumsbereich immer ausreichend Licht vorhanden, was gerade für diese Arten lebenserhaltend ist. Oft musste ich feststellen, dass in Zeiten, in denen der Pflegeaufwand für die Aquarien zurückgeschraubt werden musste, solche etwas problematischen Pflanzen stark gelitten haben. Standen sie obendrein noch etwas versteckt, war es meist um sie geschehen.

Einzelne Pflanzen als Blickfang

Das Ende einer Pflanzenstraße ist ein guter Platz für attraktive Solitärpflanzen. Um diese Pflanzen besonders hervorzuheben, werden sie an optisch starken Punkten im Aquarium gepflanzt. Solitärpflanzen sind mittelgroße bis – je nach Aquarienvolumen große Einzelpflanzen. Die folgende Aufzählung könnte noch um etliche Pflanzen fortgesetzt werden und der Kreativität sind kaum Grenzen gesetzt. Ob bei der Solitärpflanzung farblich harmonisch abgestimmt wird oder kontrapunktäre Elemente bevorzugt werden, bleibt eine Geschmacksfrage.

Attraktive Solitärpflanzen

ECHINODORUS Besondere Bedeutung als Solitärpflanzen haben, wohl wegen ihrer Sortenvielfalt, die *Echinodorus*. Nun erschöpfen sich aber mit den Schwertpflanzen die dekorativen Solitären durchaus nicht. Reizvoll und zugleich anspruchsvoll hinsichtlich der Kulturbedingungen sind die sehr schönen

APONOGETON-ARTEN Ich erinnere hierbei an die Kulturerfolge bei der Gitterpflanze *Aponogeton madagascariensis*, die Herr Albers aus Delft in Holland dokumentiert hat. Auch die vorrangig für große Aquarien geeigneten Wasserähren *Aponogeton boivinianus*, aber auch *Aponogeton ulvaceus*, sind durchaus herrliche Solitäre. Einfacher zu halten als die madagassischen Formen sind die asiatischen Arten. Warum sollte nicht der Versuch gewagt werden, die verschiedenen Zuchtformen von der Krausen Wasserähre *Aponogeton crispus* zu nutzen, zumal Pflanzen aus diesem Formenkreis leicht zu kultivieren, aber auch zu vermehren sind.

OTTELIE Die alt bekannte Froschlöffelähnliche Ottelie *Ottelia alismoides* und auch die noch nicht lange kultivierte *Ottelia ulvifolia* haben durchaus ihre Reize.

DUFTENDE ARTEN Entscheidet man sich für die an sich sehr attraktiven *Crinum-Arten*, die Hakenlilien, ist es angeraten, ein offenes Aquarium zu pflegen, denn nur so kann man in den Genuss der herrlich duftenden weißen Blüten kommen.

AZURBLAUE EICHHORNIE Zuletzt möchte ich noch den unvergleichlich dekorativen Effekt einer kräftigen Einzelpflanze, der Azurblauen Eichhornie *Eichhornia azurea* erwähnen. Bis zu 50 cm Durchmesser kann ein solches Exemplar erreichen.

Eine der schönsten Solitärpflanzen für den Aquarienmittelgrund ist Echinodorus x barthii.

Die Hintergrundbepflanzung

Welche Arten für den Aquarienhintergrund Verwendung finden, ist einerseits Geschmackssache und hängt andererseits von den Lichtverhältnissen ab.

Pflanzen für dunkle Partien

Da, wo das Licht nur relativ schwach eindringen kann, ist der ideale Platz für mittelgroße Wasserkelche wie *Cryptocoryne usteriana, Cryptocoryne affinis, Cryptocoryne hudoroi* und ähnlichen Arten. Speerblätter der Gattung *Anubias* meine ich gleichfalls hierher setzen zu können. Auch die *Microsorum*-Formen, sowie der Afrikanische Flussfarn, *Bolbitis heudelotii*, können hier gedeihen. Dabei sind bei den Farnen und den Speerblättern Moorkienwurzeln als Befestigungssubstrat bestens geeignet, zumal ihre Gestalt und Farbe sehr dekorativ sind.

Pflanzen für helle Bereiche

Hintergrundpartien, die ausreichend hell beleuchtet werden, sind idealer Platz für *Hygrophila* (Wasserfreund)-Arten und -sorten. *Limnophila aquatica*, eine der schönsten *Limnophila*-Arten überhaupt, kann hier dichte, hellgrüne Gruppen bilden, vor denen sich farbige oder dunkelgrüne Arten besonders hervorheben. Auch ist *Hygrophila difformis*, der Wasserwedel, eine ideale Kulisse für die herrlich farbigen neuen *Echinodorus*-Sorten. Obwohl nicht zu vermuten, finden wir in *Rotala rotundifolia*, der Rundblättrigen Rotala, und *Heteranthera zosterifolia,* dem Seegrasblättrigen Trugkölbchen, ausgezeichnete Arten für den Aquarienhintergrund. Allerdings muss bedacht werden, dass eine großflächig im Hintergund wachsende *Heteranthera* zwar schön aussieht, es aber viel Arbeit macht, diese Art langfristig in Form zu halten. Es ist mühevoll, dicke *Heteranthera*-Büsche auseinanderzudröseln, zumal sich an den Knoten häufig Wurzeln bilden, die den Busch zu einer undurchdringlichen Matte verweben können.

Rückwände dekorativ gestalten

Wichtig für die Präsentation der Arten des Aquarienmittelgrundes, aber auch der Solitären, ist die Kulisse, in die diese Pflanzen gestellt werden. Aquarienrückwände können durchaus eine Katastrophe sein. Ich denke dabei nur an die überall als Meterware gehandelte Fotorückwand. Auch die nicht gerade billigen, relativ „natürlich" wirkenden Plastiknachbildungen von Uferpartien können bei der Pflanzenauswahl durchaus problematisch werden.

KORKEICHE Ich habe für kleinere Aquarien in der Vergangenheit die Rinde der Korkeiche lückenlos auf einer perforierten Plastikplatte befestigt, das Ganze tagelang gewässert, bis aus dem Kork schließlich keine Farbstoffe mehr austraten. Anschließend passgerecht im Aquarium verankert, war der Dekorationseffekt unvergleichlich. Leider schmeckte die Korkwand meinen Schilderwelsen zu gut, sodass sie im Laufe der Zeit immer dünner und lückenhafter wurde.

SCHAUMPOLYSTYROL-PLATTEN Die günstigste und billigste Möglichkeit bleibt die Rückwandgestaltung mit selbst strukturierten, schwarz gestrichenen Schaumpolystyrol-Platten. Sicher gibt es Derartiges auch im Zoofachhandel zu kaufen, die Verwendbarkeit ist aber nicht so wie beim Eigenbau, da diese Platten meist recht dünn und verhältnismäßig hart sind.

SCHWARZ GESTRICHENE RÜCKWÄNDE Will man die Rück- und Seitenwände nicht bepflanzen, reicht es, die Aquarienrückwand mit wasserlöslicher Plakatfarbe dick einzustreichen. Die auf diese Weise entstehenden schwarzen Rückwände geben die beste Kulisse für die Hintergrundbepflanzung.

Die Art der Rückwandgestaltung hat unmittelbaren Einfluss auf die Wirkung eines Aquariums.

Aquarien mit wenigen, unproblematischen Fischen können so abwechslungreich wie dieses Aquarium gestaltet werden.

Die richtigen Pflanzen für jeden Aquarientyp

So verschieden wie die Vorlieben von Aquarianern sein können, so unterschiedlich sind auch die Ansichten oder Möglichkeiten zur Bepflanzung von Aquarien. Freunde von Großbuntbarschen setzen andere Maßstäbe als Regenbogenfisch-Halter. Zwergcichliden benötigen als Pflegeoptimum andere Parameter als die, die Diskusfreunde ihren Fischen gönnen. Nicht zu vergessen die Liebhaber der Malawi- und Tanganjika-See-Buntbarsche und die Schilderwels-Fans.

AQUARIENTYPEN Die unterschiedlichsten Anschauungen zur Pflanzenaquaristik finden ihren Niederschlag in diversen Aquarientypen: Mancher Aquarianer bevorzugt Aquarien nach dem holländischen Typ, ein anderer die japanischen Naturaquarien mit ihrem mehr philosophischen Hintergrund, ein dritter die verspielten Bonsai-Aquarien, die gar keine richtigen Aquarien mehr sind.

GESUNDE FISCHE ALS ZIEL Eines jedoch haben alle Aquarianer gemeinsam: Sie möchten gesunde Fische in einem dekorativen Umfeld pflegen. Für dieses Ziel muss die Bepflanzung unter Beachtung von dekorativen, aber noch wichtiger biologischen Aspekten gestaltet werden. Im Folgenden soll versucht werden, auf die verschiedenen Spezialfälle einzugehen und Möglichkeiten zu finden, allgemeingültige Maßstäbe abzuleiten.

Schmetterlings-Buntbarsche kann man im Gegensatz zu Großbuntbarschen einfacher in bepflanzten Aquarien halten .

Großbuntbarsche und Aquarienpflanzen

Die Großcichliden Mittel- und Südamerikas haben eine besondere Ausstrahlung. Jahrelang habe ich *Astronotus ocellatus*, den Pfauenaugenbuntbarsch, *Vieja synspilum*, *Hypsophrys nicaraguensis*, den Meeki und den Grünflossenbuntbarsch gehalten und vermehrt. Deshalb weiß ich, wovon ich spreche, wenn ich sage, dass diese Fische nur mit erheblicher Mühe in bepflanzten Aquarien gepflegt werden können. Grundsätzlich gilt, dass die Auswahl und das Spektrum der nutzbaren Pflanzen mit zunehmender Fischgröße und in Abhängigkeit von der Ernährungsweise und vom Futterdurchsatz schmaler wird.

GEEIGNETE PFLANZEN *Anubias*-Arten, große *Cryptocorynen* wie *Cryptocoryne aponogetifolia* halten sich neben dem Afrikanischen Flussfarn *Bolbitis heudelotii*, aber auch *Microsorum pteropus* in seinen Formen in Aquarien mit Großbuntbarschen recht gut. Auch die Hakenlilien, vor allem *Crinum natans*, haben gute Überlebenschancen. Arrangiert man diese Arten geschickt auf Moorkienholzwurzeln und entzieht die Pflanzstellen der in den Bodengrund gepflanzten Arten den Grabaktivitäten der Fische, können durchaus ansprechende Aspekte entstehen. Bei all dem müssen die meisten großen Buntbarsche ein vegetarisches Zufutter erhalten, ansonsten fressen sie auch härteste Pflanzen an. Verpaart sich allerdings vegetarische Ernährung mit Wassertemperaturen um die 30 °C, wie es bei *Uaru amphiacantoides*, dem Keilfleckbuntbarsch, nötig ist, hält wohl keine Pflanze über eine längere Zeit durch.

In einem Aquarium für Tanganjika-Cichliden kommen nur wenige Pflanzen zum Einsatz.

Aquarien für Cichliden der Afrikanischen Grabenseen

Die leuchtenden Farben der Malawi-See-Buntbarsche dominieren im kristallklaren Wasser eines durch Felsaufbauten gegliederten Aquariums. Meist finden wir nur wenige Pflanzenarten wie *Vallisnerien* oder verschiedene *Anubias*-Arten, seltener Flussfarn oder Javafarne. Im mittelharten Wasser dieser Aquarien gedeihen oft nicht viel mehr Arten als diese längerfristig, zumal viele der Malawi-Buntbarsche Pflanzen als Zukost nehmen. Das stark bewegte Wasser solcher Aquarien ist sauerstoffreich und wird meist mit starken Umwälzpumpen über mechanische Schnellfilter gereinigt. Filterdurchsätze vom 10fachen Aquarienvolumen sind dabei keine Ausnahme. Meist ist feinkiesiger Bodengrund ohne Lehmbeimischungen anzutreffen. All diese Faktoren bewirken, dass ein reicher Pflanzenwuchs kaum entstehen kann. Dagegen wird das Grünalgenwachstum in solcher Umgebung stärker gefördert, was aber bei Aufwuchsfressern gewünscht wird. Sicher mag es hin und wieder bei der Haltung dieser Fische Ausnahmen geben. Ich habe selber in der Vergangenheit Fische des Malawi-Sees in dichter bepflanzten Aquarien gehalten, allerdings mit Kompromissen zugunsten der Pflanzen. Ähnlich sind Aquarien mit den Maulbrütern aus dem Tanganjika-See zu bewerten. Weitaus mehr Pflanzenarten können bei der Pflege von Buntbarschen der Felsspalten des Tanganjika-Sees Verwendung finden, da diese Arten die Pflanzen kaum behelligen.

Gesellschaftsaquarien wie dieses lassen sich abwechslungsreich gestalten.

Pflanzen im Gesellschaftsaquarium

Das weit verbreitete Gesellschaftsaquarium ist in der Regel ein Kompromiss, in dem die Fische Priorität haben, der Fischbesatz sich jedoch gegenseitig weitgehend toleriert, ohne sich Schäden zuzufügen. Auch kümmern sich die tierischen Bewohner eines solchen Aquariums wenig um die Pflanzen. Ein Gesellschaftsbecken kann hinsichtlich des Fischbesatzes in verschiedene Richtungen tendieren, aber auch viele verschiedene Pflanzen können gehalten werden. Die Raumaufteilung nach den Grundsätzen des sog. Goldenen Schnittes ist auch hier die Ausgangsbasis für den Besatz mit Dekorationsmaterial und Pflanzen. Dabei muss überdies beachtet werden, dass sowohl freier, unbepflanzter Bodengrund für gründelnde Fische wie Panzerwelse, Barben und Schmerlen vorhanden ist, als auch ausreichend freier Schwimmraum für Fische der mittleren Wasserschichten angeboten wird. Je größer die Becken sind, umso mehr Möglichkeiten hat man naturgemäß. Die Artenzahl der zu verwendenden Pflanzen hängt in solchen Aquarien nur von der Größe des Aquariumbehälters und vom persönlichen Geschmack ab. Eine geeignete Raumaufteilung für ein typisches Gesellschaftsbecken stellt der schon gezeigte Bepflanzungsplan (S. 95) dar.

Pflanzenaquarien

Vor 10 Jahren war es noch relativ einfach, vom Pflanzenaquarium zu sprechen, da meist die holländischen Pflanzenaquarien als Vorbild genommen wurden. Mittlerweile muss man schon genau definieren, welcher Schule gefolgt werden soll, also beispielsweise der „Holländischen Schule“ oder den „Naturaquarien“ im Sinne des Japaners Takashi Amano. Dazwischen liegen unzählige Übergänge und Verwischungen. Erwähnt werden müssen auch noch solche Pflanzenfreunde, die es grundsätzlich ablehnen, immer wieder mit Schere und Pflanzwerkzeug die natürliche Entwicklung der Pflanzen zu hemmen und deshalb häufig auf Stängelpflanzen ganz verzichten.

Die Blüten der Wasserähre Aponogeton distachyos verströmen einen angenehmen Duft.

Offene Aquarien

Eine wiederbelebte Art der Pflanzenaquaristik auf gehobenem technischem Niveau ist die Kultur in einem „offenen" Aquarium, also ohne Abdeckung mit der sonst üblichen Beleuchtungswanne. Diese offenen Aquarien sind die Domänen der Starklichtfluter, HQI- und HQL-Beleuchtung. Bei einem offenem Aquarium eröffnet sich dem Betrachter die eigentlich natürliche Sichtweise auf ein Gewässer, nämlich der Blick von oben. Diese ungewohnte Betrachtungsweise muss zwangsläufig bei der Pflanzungsplanung beachtet werden. Um optimalen Wuchs und die optimale Farbigkeit der Pflanzen zu erzielen, sind starke Strahler mit HQI-Brennern oder entsprechende Leuchtstoffröhren erforderlich. Dies treibt die Stromkosten nicht unerheblich in die Höhe. Offene Aquarien verdunsten zudem viel Wasser, was permanentes Nachfüllen mit entionisiertem Wasser fordert. Auch sollte hier die Luftfeuchte im Raum beobachtet werden, um Schimmelbefall vorzubeugen. Empfehlenswert sind aber derartige Becken allemal, da manche Arten, ihrer natürlichen Wuchsweise folgend, über den Wasserspiegel hinauswachsen und oft sogar blühen. So hat man die Möglichkeit, *Aponogeton*-Arten, aber auch Hakenlilien (*Crinum*-Arten) blühen und fruchten zu sehen.

Holländische Aquarien zeigen oft eindrucksvolle Pflanzenkompositionen.

Holländische Pflanzenaquarien

Ich möchte darauf verzichten, die bekannten Anleitungen zur Gestaltung der typisch holländischen Pflanzenaquarien hier nochmals aufzuschreiben. Dekorativ sind solche Becken immer, auch wenn sie nicht jedermanns Geschmack treffen. Arbeit machen sie allerdings nicht wenig – wenn das Pflegen von Aquarien überhaupt als Arbeit bezeichnet werden kann. Es bedarf aber einer guten Kenntnis der Wuchsformen und der Arten, um solche Becken zu gestalten und dauerhaft ansehenswert zu erhalten.

Naturaquarien

Die Aquarien des Japaners Takashi Amano sind in der Regel nach völlig anderen Überlegungen eingerichtet. Amano nennt seine Aquarien Naturaquarien. Einfühlsamkeit und Verständnis für die fernöstliche Denkweise sind nötig, sollen Aquarien nach diesem Stil gestaltet werden. Die Kombination von Wurzeln, Steinen und Pflanzen in größeren Aquarien ist beeindruckend in ihrer Schlichtheit und Aussagekraft. Solche japanischen Naturaquarien strahlen Ruhe und Harmonie aus. Die flächige Verwendung flach wachsender *Glossostigma diandra*, aber auch die wiesenartige Ausbreitung der Nadelsimse mit punktuell aufstrebenden Säulen einzelner Stängelpflanzen oder Solitärpflanzen in Symbiose mit punktgenau platzierten Wurzeln oder Steinaggregationen, haben einen unnachahmlichen Zauber. Beleuchtung und

In den so genannten Bonsai-Aquarien dominieren eindeutig die Überwasserpflanzen.

Düngung solcher Aquarien und auch die Frequenz des Wasserwechsels sind nicht anders als dies bei anderen gut gepflegten Pflanzenaquarien der Fall ist.

Bonsai-Aquarien

Der ferne Osten scheint momentan die Ideenschmiede für die aquaristische Pflanzenverwendung zu sein. Seit etwa 1999 sind sog. Bonsai-Aquarien in Mode gekommen. Im Gegensatz zu den beinahe klassischen Gestaltungsvarianten der zuvor genannten Formen, wird die Pflanzenkomposition bei Bonsai-Aquarien von emersen Pflanzen dominiert. Grundlage für die Bepflanzung bildet ein aus Moorkien- oder Savannenholzwurzeln gestalteter felsförmiger Aufbau, der über die gesamte Beckenbreite und weit über den Wasserspiegel hinausreicht. Mit einem ausgeklügelten Bewässerungssystem aus Pumpen, Verteilern und Schlauchen wird diese Landschaft mit kleinen Bachläufen und Wasserfällen durchzogen, um alle Pflanzen mit ausreichend Wasser zu versorgen. In eigens dafür eingebaute Pflanztaschen werden vorrangig klein bleibende oder mittels der Bonsai-Technik des Schneidens klein gehaltene Landpflanzen eingesetzt. Vorrangig sind aber verschiedenste Moose ausschlaggebend für die künftige Wirkung derartiger Arrangements. Aquarienpflanzen spielen hierbei eine untergeordnete Rolle. Im Wasserteil der Aquarien werden auch Fische und Wirbellose gehalten. Auch wenn diese Form der Aquaristik hierzulande noch recht exotisch ist, soll sie nicht unerwähnt bleiben.

AQUARIENPFLANZEN VERMEHREN UND ZÜCHTEN

Grundsätzlich wird zwischen der generativen, das heißt geschlechtlichen und der vegetativen, also ungeschlechtlichen Vermehrung der Pflanzen unterschieden.

Generative Vermehrung

Die generative Vermehrung der Aquarienpflanzen bleibt weitgehend dem professionellen Wasserpflanzengärtner vorbehalten. Der Aquarianer vermehrt seine Pflanzen vorrangig auf vegetativem Wege.

AUSSAAT Aber auch hier gibt es Ausnahmen, denn verschiedene Aquarienpflanzen, wie die meisten *Aponogeton*-Arten, die Langblättrige Barclaya *Barclaya longifolia*, auch verschiedene Seerosen lassen sich bekanntlich nur über Aussaat vermehren. Hier muss also auch der Aquarianer, will er seine Pflanzenbestände aufstocken oder verjüngen, die manchmal mühselige Aufzucht aus Samen auf sich nehmen. Nun ist es so uninteressant nicht, das aufwändige Prozedere um die Anzucht der winzigen Sämlinge einmal selbst mitgemacht zu haben. Zumindest gewinnt man dadurch vielleicht etwas mehr Achtung vor der im Fachhandel erworbenen, schon großen Pflanze. Bei der Zucht von Aquarienpflanzen, hier besonders der Sortenzucht der Schwertpflanzen, aber auch der Wasserähren, benötigt man allerdings die generative Vermehrung als Grundlage für eine weitergehende Auslese und Kreuzung. Diese, in den überwiegenden Fällen nicht sortenrein über Aussaat weiter zu vermehrenden Einzelpflanzen bzw. Sorten, müssen auf vegetativem Wege vervielfältigt werden.

Vegetative Vermehrung

Gewebekultur

Seine Pflanzen aus Samen heranzuziehen, ist nicht die einzige Form der Massenvermehrung. Deutliches Übergewicht hat die wesentlich lukrativere Gewebekultur als effektivste

Diese Aquarienpflanzen werden alle auf vegetative Weise vermehrt.

Form der vegetativen Vermehrung bekommen. Aus der Nutzpflanzenzucht und bei Orchideenfreunden ist sie bereits seit langem bekannt. Die Gewebekultur ist zwar eine anspruchsvolle und eigentlich aufwändige Methode, Pflanzen zu vervielfältigen, scheint aber bei einigen Arten und vor allem Sorten die einzige Möglichkeit zu sein, bezahlbare Verkaufsware zu produzieren.

VORGEHEN Bei dieser Methode wird Pflanzengewebe, sog. primäres Meristem, aus Spross- und Wurzelspitzen mittels chemischer Behandlung in die Lage versetzt, sich als Zelle oder kleinere Zellaggregation undifferenziert zu vermehren. Unter sterilen Bedingungen wird in einer komplizierten Abfolge verschiedener Kulturmethoden unter Zusatz von Wuchsstoffen die Bildung von kleinsten Pflanzen auf Nährmedien angeregt. Peinlichste Sauberkeit ist oberstes Gebot, da Infektionen mit Pilzen oder Bakterien den gesamten Erfolg vernichten können. Nachdem die Pflanzen genügend erstarkt sind, werden sie in das Gewächshaus überführt und wie andere Vermehrungskulturen weiterbehandelt. So können größere Mengen einer Art oder Sorte herangezogen werden.

GEEIGNETE SORTEN Bekannt geworden ist die Massenvermehrung von *Cryptocorynen* und *Echinodorus*-Sorten und -Arten, aber auch die Indische Sternpflanze *Eusteralis stellata* kann auf diese Weise preiswert vermehrt werden. Besonders wichtig ist diese Form der Vermehrung im Anschluss an die Zucht von Aquarienpflanzen, bei der die Aussaat keine einheitlichen Nachkommen erzielt. Manche Pflanze verweigert sich jedoch konsequent dieser Form der Vervielfältigung, sodass die Aussaat als einzige Alternative übrig bleibt. Nun ist dies so schlecht auch nicht, denn durch die ausschließlich vegetative Vermehrung drohen die Arten genetisch zu verarmen, da die Tochterpflanzen genetisch identische Abbilder ihrer Mütter sind.

Microsorum pteropus **lässt sich durch Sprossteilung oder Adventivpflanzen vermehren.**

Die rasch wüchsige Shinnersia rivularis **wird durch Stecklinge vermehrt.**

Die Ausläufervermehrung

Die einfachste Form der vegetativen Vermehrung kennen wir von den Ausläufer bildenden Aquarienpflanzen, wie beispielsweise den Sagittarien oder den kleinen *Echinodorus*-Arten um *Echinodorus bolivianus* und *Echinodorus tenellus*. Ihre Ausläufer wachsen meist über dem Bodengrund und die Vegetationskegel sind in der Regel lange Zeit aktiv. In gewissen Abständen entstehen als Seitensprosse neue Pflanzen. Genügend erstarkte Jungpflanzen können schließlich abgetrennt und weiterkultiviert werden.

CRYPTOCRYNEN Anders verläuft die Ausläuferbildung bei Cryptocorynen. Die Ausläufer wachsen im Bodengrund und ihre Vegetationskegel gehen nach einiger Zeit zur Bildung einer neuen Pflanze über. Von diesen neuen Pflanzen gehen dann erneut Ausläufer aus. Ausläufervermehrung kennen wir auch vom Großen Sumpffreund *Limnophila aquatica*, *Potamogeton*-Arten, aber auch von schwimmenden Arten wie der Muschelblume *Pistia stratiotes* oder dem Südamerikanischen Froschbiss *Limnobium laevigatum*.

Rhizomteilung

Rhizom bildende Arten, wie verschiedene mittelgroße *Echinodorus*-, aber auch manche *Nymphaea*-, *Nuphar*- und auch *Anubias*-Arten, verzweigen sich, indem sie aus sog. ruhenden Knospen neue Pflanzen bilden können. Diesen Effekt kann man ausnutzen, indem das Rhizom in Teilstücke geschnitten

Echinodorus tenellus **bilden bei starker Beleuchtung durch intensive Ausläuferbildung bald einen dichten Rasen.**

wird. Diese Stücke treiben, an der Wasseroberfläche schwimmend, bald aus den ruhenden Knospen Jungpflanzen.

Stecklingsvermehrung

Die meisten Aquarienpflanzen mit gestreckter Sprossachse sind recht einfach über die Sprossteilung zu vermehren. Dabei kann sowohl die Sprossspitze abgetrennt und neu gepflanzt, als auch der gesamte Spross in mehrere Teilstücke zertrennt werden. Meist bilden sich aus den Blattachseln Seitentriebe, die nach genügender Erstarkung gepflanzt werden können. Im Bodengrund verbleibende Sprossreste treiben ebenfalls wieder aus.

Adventivpflanzen

Eine weitere Form der vegetativen Vermehrung steht dem Aquarianer mit der Adventivpflanzenbildung verschiedener Arten zur Verfügung. Am bekanntesten dürfte die Bildung von Jungpflanzen an den Blütenständen verschiedener *Echinodorus*-Arten sein. Auch die Gewellte Wasserähre *Aponogeton undulatus* zeigt eine ähnliche Form der Jungpflanzenbildung. Diese an den Blütenständen entstehenden Tochterpflanzen sind nach ausreichender Erstarkung abzutrennen. Auch beim Schwarzwurzelfarn *Microsorum pteropus*, den *Ceratopteris*-Arten, aber auch bei der Seerose *Nymphea daubenyana* entstehen Adventivpflanzen. Manche Aquarienpflanzen, beispielsweise *Hygrophila*-Arten aber auch *Alternanthera*, besonders aber der Wassermeerrettich *Rorippa aquatica* bringen an den Bruchstellen abgetrennter Blätter Jungpflanzen hervor. Diese Adventivpflanzen bilden sich aus sekundärem Meristem. Diese noch undifferenzierten Zellen werden bei Verletzung des Blattgewebes zum Wachstum angeregt.

Mit an Sicherheit grenzender Wahrscheinlichkeit warten noch Hunderte Sumpf- und Wasserpflanzen auf ihre Entdeckung für die Aquarienpflege, deren Einfuhr aber aufgrund restriktiver Sammel- und Ausfuhrbestimmungen vieler Herkunftsländer zunehmend schwieriger wird. Meist sind es Aquarianer, die von ihren Sammelreisen die eine oder andere Neuheit mitbringen, und es wäre zu wünschen, dass der Enthusiasmus dieser wenigen erhalten bleibt. Unabhängig dieser Aufsammlungen bleibt die Sortenzucht ein reiches Betätigungsfeld, das im Wesentlichen noch in den Kinderschuhen steckt.

Aquarienpflanzen züchten

Lange vernachlässigt

Die Zucht von Nutzpflanzen zur Ernährung, aber auch für die gärtnerische Verwendung ist schon seit Jahrhunderten üblich. Dagegen hat man sich bis vor kurzem noch schwer getan mit der züchterischen Bearbeitung von Aquarienpflanzen. Auch hinsichtlich der Beurteilung der Notwendigkeit der Sortenzucht wurden teils sehr puristische Auffassungen vertreten. Nun wird die Aquaristik auch erst seit etwas mehr als 100 Jahren praktiziert, und die richtige Haltung und Vermehrung der Aquarienpflanzen begann erst in der zweiten Hälfte des 20. Jahrhunderts. Somit befindet sich dieser Zweig der Pflanzenverwendung, vor allem aber die gärtnerisch-züchterische Bearbeitung, noch in den Anfängen seiner Entwicklung.

ZUFALLSTREFFER Erste Sorten von Aquarienpflanzen waren Zufallstreffer wie die bekannte Barth`sche *Cabomba caroliniana* „Silbergrün". Andere scheinen das Ergebnis von Infektionen mit Viren zu sein, wie das von den panaschierten *Hygrophila*-Sorten, aber auch demMexikanischen Eichenblatt *Shinersia rivularis* vermutet wird. Gleiches geistert über die Ursache der rosafarbenen Nervatur von *Cryptocoryne cordata* durch die Literatur.

ERFOLGREICHE KREUZUNGEN Aber nicht diese zufälligen Funde und deren gezielte Vermehrung brachte den Aufschwung für die Zucht. Dies geschah vielmehr durch die Kreuzung von *Aponogeton*-Arten, vor allem Formen der Wasserähren der *Aponogeton cris-*

Kommerziell werden Aquarienpflanzen meist in Sumpfkultur gezogen, hier ist auch die Wiege für neue Sorten.

Muschelblumen wachsen in Wasserpflanzengärtnereien als Nebenprodukt heran.

pus-Gruppe, besonders aber die Kreuzungsversuche innerhalb der Gattung *Echinodorus*. So gut wie alle namhaften Wasserpflanzengärtnereien brachten ihre eigenen Kreationen auf den Markt, und einige Sorten wurden auch sortenrechtlich registriert. Bleibt abzuwarten, in welche Richtung die Zucht von Aquarienpflanzen weitergeführt wird.

IMPRESSUM

Bildnachweis

Farbfotos von: Frank Hecker: (8: S. 6/7, 49l, 85l, 100, 102, 104, 115, 116/117); Wolfgang Ise: (4: S. 63l, 63r, 64r, 65l); Wally und Burkhard Kahl: (28: S. 4/5, 8, 9, 10/11, 14, 28/29, 31, 38, 39, 40r, 44l, 46l, 46r, 47l, 48l, 53r, 54l, 56l, 71l, 72r, 74l, 81r, 82r, 86/87, 98/99, 106, 112l, 112r); Christel Kasselmann: (22: 13, 15, 16/17, 20/21, 26/27, 33, 36/37, 43r, 45l, 45r, 51r, 55l, 88/89, 91, 92, 93, 94, 96/97, 101, 108/109, 110/111, 113); Dr. Rudolf König: (1: S. 105)
Alle weiteren 72 Aufnahmen stammen vom Autor Claus-Peter Gering.

Grafiken S. 90 u. 95 von Claus-Peter Gering/Guido Schlaich.

Alle Angaben in diesem Buch erfolgen nach bestem Wissen und Gewissen. Sorgfalt bei der Umsetzung ist indes dennoch geboten. Verlag und Autor übernehmen keinerlei Haftung für Personen-, Sach- oder Vermögensschäden, die aus der Anwendung der vorgestellten Materialien und Methoden entstehen können.

Impressum

Umschlaggestaltung von eStudio Calamar unter Verwendung von vier Farbaufnahmen von Wally und Burkhard Kahl.

Mit 135 Farbfotos.

Bibliografische Information Der Deutschen Bibliothek
Die Deutsche Bibliothek verzeichnet diese Publikation in der Deutschen Nationalbibliografie; detaillierte bibliografische Daten sind im Internet über http://dnb.ddb.de abrufbar.

Gedruckt auf chlorfrei gebleichtem Papier

ISBN 3-440-09214-3
Redaktion: Christine Axmann
Gestaltungskonzept: eStudio Calamar
Gestaltung und Satz: Guido Schlaich
Produktion: Kirsten Raue, Markus Schärtlein
Printed in Czeck Republic / Imprimé en République tchéque
Druck und Binden: Tesinska Tiskarna, a.s., Cesky Tesin

ZUM WEITERLESEN

BÜCHER

Beck, Peter:
Aquarium Grundkurs.
Kosmos Verlag, Stuttgart 1998.

Beck, Peter:
Aquarienpflanzen Grundkurs.
Kosmos Verlag, Stuttgart 2000.

Beck, Peter:
Süßwasser-Aquaristik.
Kosmos Verlag, Stuttgart 2001.

Bork, Dieter u. Mayland, Hans J.:
Salmler.
Kosmos Verlag, Stuttgart 2000.

Kahl, Burkard u. Wally, Vogt, Dieter:
Kosmos-Atlas Aquarienfische.
Kosmos Verlag, Stuttgart 1997.

Kasselmann, Christel:
Pflanzenaquarien gestalten.
Kosmos Verlag, Stuttgart 2001.

Kasselmann, Christel:
Aquarienpflanzen.
Ulmer-Verlag, Stuttgart 1999.

Kasselmann, Christel:
Echinodorus – die beliebtesten Aquarienpflanzen.
Dähne Verlag, Ettlingen 2001.

Kölle, Dr. med. vet. Petra:
Fischkrankheiten.
Kosmos Verlag, Stuttgart 2001.

Mayland, Hans J.:
Diskus.
Kosmos Verlag, Stuttgart 2000.

Osche, Claus:
Lebendgebärende.
Kosmos Verlag, Stuttgart 2001

Wit, Hendrik de:
Aquarienpflanzen.
Ulmer Verlag, Stuttgart 1990.

Amano, Takashi:
Amanos Naturaquarien.
Bede/HEROLD-Verlag, Ruhmannsfelden 1997.

Ullrich, Martin:
Buntbarsche.
Kosmos Verlag, Stuttgart 2000.

Veit, Klaus:
Mein Aquarium.
Kosmos Verlag, Stuttgart 2000.

Vierke, Jörg:
Labyrinth-Fische.
Kosmos Verlag, Stuttgart 2001.

Vierke, Jörg:
Welse.
Kosmos Verlag, Stuttgart 2002.

ZEITSCHRIFTEN

DATZ
Verlag Eugen Ulmer
Stuttgart

Aqua Planta
Hrsg. v. VDA-Arbeitskreis Wasserpflanzen

Aquaristik Aktuell
Dähne Verlag
Ettlingen

Das Aquarium
Verlag Birgit Schmettkamp
Bornheim

ADRESSEN

Verband Deutscher Vereine für Aquarien- und Terrarienkunde e.V. Geschäftsstelle
Hans und Ingrid Stiller
Luxemburger Str. 16
44789 Bochum

VDA Beratungsstelle für Aquariengestaltung
Jürgen Grobe
Postfach 1944
30954 Hemmingen

VDA Wasserpflanzen
Dr. Jürgen Clasen
Siegelsknippen
53721 Siegburg
Tel. 02241/128329
Guenther.Hans-Juergen@Bewag.com

Regionalgruppen im VDA-Arbeitskreis Wasserpflanzen:
www.vda-online.de/Fachgruppen.htm

INTERNET

www.echinodoren.de

www.mecklenburger-wasserpflanzenfreunde.de

www.aqua-planta.de

www.aquatic-gardeners.org

www.vda-online.de

www.wasserpflanzen.net

REGISTER

KOSMOS

Praxiswissen Aquaristik

Die Faszination Aquaristik zum Greifen nah

- Praxisnah und kompetent für Einsteiger und Fortgeschrittene
- Porträts der schönsten Fische und Pflanzen
- Weitere Bände aus der Erfolgsreihe

Jörg Vierke
Labyrinthfische
ISBN 3-440-08248-2

Petra Kölle
Fischkrankheiten
ISBN 3-440-08249-0

Aufschlagen und Eintauchen

Jeder Band mit

124 Seiten
ca. 150 Farbfotos
Illustrationen
Checklisten
Tabellen
gebunden

Die Reihe wird fortgesetzt.

Claus Osche
Lebendgebärende
ISBN 3-440-08898-7

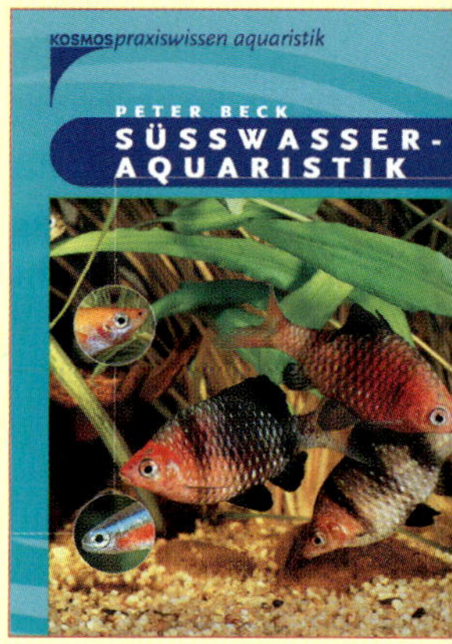

Peter Beck
Süßwasseraquaristik
ISBN 3-440-08897-9

www.kosmos.de